VOYAGE

DANS

L'AMÉRIQUE DU SUD

PÉROU ET BOLIVIE

PAR

M. ERNEST GRANDIDIER

AUDITEUR AU CONSEIL D'ÉTAT

PARIS

MICHEL LÉVY FRÈRES, LIBRAIRES-ÉDITEURS

RUE VIVIENNE, 2 BIS

—

1861

VOYAGE
DANS
L'AMÉRIQUE DU SUD

PÉROU ET BOLIVIE

PARIS. — IMPRIMERIE DE J. CLAYE, RUE SAINT-BENOIT, 7

VOYAGE
DANS
L'AMÉRIQUE DU SUD

PÉROU ET BOLIVIE

PAR

M. ERNEST GRANDIDIER

AUDITEUR AU CONSEIL D'ÉTAT

PARIS

MICHEL LÉVY FRÈRES, LIBRAIRES-ÉDITEURS

RUE VIVIENNE, 2 BIS

—

1861

Tous droits réservés.

INTRODUCTION

Il est au delà de l'océan Atlantique une vaste contrée dont l'existence, inconnue à nos aïeux, fut révélée à l'Europe par le génie du navigateur illustre qui en prit possession au nom de l'Espagne, sa patrie adoptive. Poursuivi jusque dans la tombe par l'ingratitude de ses contemporains, Christophe Colomb n'eut même pas la gloire de donner son nom au nouveau continent qu'il avait découvert, moins heureux en cela que le plus modeste botaniste devenu le parrain d'une plante nouvelle.

Par un privilége spécial, l'Amérique n'a rien perdu de son premier prestige : elle nous apparaît toujours entourée d'une brillante auréole, et son nom seul suffit encore pour nous fasciner. L'attrait puissant qui s'attache à tout pays lointain et inconnu contribue à surexciter notre curiosité naturelle; l'imagination s'enflamme aisément au récit d'exploits incroyables et d'aventures merveilleuses; et c'est à travers son prisme que la fiction nous fait voir le Nouveau Monde.

Cette terre, que les conquêtes des Cortez et des Pizarre ont rendue à jamais célèbre, est du reste bien digne d'attirer notre attention et offre un vaste champ à nos études et à nos recherches, sans mériter toutefois d'une manière aussi exclusive la renommée et les éloges dont l'Europe entière a retenti lors de sa découverte. Il semblait qu'une ère nouvelle de grandeur et de prospérité venait de s'ouvrir pour l'Espagne; on racontait les choses les plus invraisemblables sur les peuples et sur les richesses du nouveau continent : dans l'ignorance des faits, ces récits ne rencontraient ni incrédules ni contradicteurs. La fièvre de l'or travaillait tous les esprits; l'Amérique était une idole que l'on encensait à l'envi : une divinité n'eut jamais tant d'adorateurs. Mais à ces espérances et à ces éloges exagérés devaient succéder bientôt de cruelles déceptions; ce qui sort des bornes de la vérité finit souvent par tomber dans l'opinion publique au-dessous même de son mérite réel.

Plusieurs auteurs ont écrit sur le Pérou, et cependant le Pérou est très-peu et très-mal connu. Nous avons généralement en Europe les idées les plus fausses et les notions les plus inexactes sur ce pays que chacun de nous a souvent désiré connaître. Qu'on envisage l'empire des Incas sous le rapport topographique et physique ou qu'on le considère au point de vue de la politique et des mœurs, il est bien des erreurs à dissiper, bien des inexactitudes à rectifier. Malgré les obstacles, la vérité finira par se faire jour au milieu de ce chaos, si chaque voyageur veut bien lui apporter le tribut sincère de ses observations ; c'est la ligne de conduite que je me suis tracée. Laissons aux poëtes la carrière de l'imagination : embellir la nature, donner aux hommes et aux choses des proportions gigantesques, employer le langage de la fiction, tel est le lot de la poésie et du roman ; mais le voyageur doit, avant tout, être vrai dans son récit. Quand on dépeint des régions lointaines et mal connues, la tâche de l'écrivain est assez belle pour qu'il se renferme dans les limites de la plus stricte vérité ; la réalité est par elle-même assez féconde en aventures singulières et en nouveautés étranges, sans qu'on ait besoin de faire des emprunts au merveilleux ou d'entrer dans le domaine de l'invention : il suffit pour intéresser de puiser dans ses souvenirs et de rendre exactement ses impressions.

Ébloui, comme tant d'autres, par les prodiges que l'on raconte de ces régions transatlantiques, j'ai voulu visiter ces pays si vantés : les Andes, les forêts vierges et leurs peuplades sauvages [1].

1. Ce voyage a été exécuté en vertu d'une mission scientifique gratuite confiée à MM. Grandidier frères par un arrêté de S. Exc le ministre

INTRODUCTION.

Au mois d'octobre 1857, je quittais la France avec mon frère, et nous nous embarquions, peu de jours après, à Liverpool pour les États-Unis. Pendant plus de deux ans j'ai étudié cet autre hémisphère ; j'ai rapidement parcouru l'Amérique du Nord, de New-York au Canada et du Canada à la Nouvelle-Orléans ; mais je me suis surtout efforcé de connaître plus à fond le Pérou, la Bolivie et le Brésil. Cherchant à oublier pour quelque temps le monde civilisé, j'ai habité la cabane du sauvage et vécu sous la hutte de l'Indien ; cinq fois j'ai franchi les Andes et pénétré, à quatre reprises différentes, au delà de la seconde chaîne de la Cordillière du Pérou, dans ces vallées chaudes où la végétation tropicale étale tout son luxe et ses plus brillantes parures, et où la nature semble avoir réuni toutes ses richesses ; je suis descendu dans les entrailles de la terre pour visiter les plus fameuses mines d'or et d'argent ; j'ai vu l'exploitation des diamants dans les célèbres *lavras* de la province de Minas Geraes au Brésil et traversé le continent américain de Valparaiso à Buenos-Ayres dans toute sa largeur : partout j'ai admiré la prévoyante bonté et la magnificence du Créateur : *Quam magnificata sunt opera tua, Domine; omnia in sapientia fecisti.* (Psaume 103. 24.)

de l'instruction publique (24 octobre 1857). A leur retour d'Amérique, MM. Grandidier ont adressé au ministre un rapport scientifique sur le résultat de leurs travaux.

De retour au mois de novembre 1859, j'ai pensé, en relisant mes notes de voyage, que je pourrais présenter sur le Pérou et la Bolivie quelques pages utiles : une description exacte des lieux que j'ai visités, une relation simple et fidèle des mœurs que j'ai observées, un compte véridique des documents que j'ai pu rassembler m'ont paru le meilleur moyen d'intéresser le public et d'obtenir son indulgence.

Je laisserai de côté la plus grande partie de mon voyage pour ne m'occuper ici que du Pérou et de la Bolivie ; l'intérieur de ces pays fera l'objet principal de cette relation. J'appellerai successivement l'attention sur la nature et la géographie physique de ces contrées, sur leurs différentes cultures, sur la vie et les mœurs des habitants, sur la destinée de ces républiques, sur la colonisation, sur l'avenir réservé à Paucartambo et la navigation des grands fleuves du centre de l'Amérique, enfin sur la civilisation des Incas et ces édifices dont les ruines imposantes attestent l'existence d'un grand peuple avant la conquête de Pizarre.

L'Européen qui n'a jamais quitté sa patrie ne peut se faire une idée des difficultés sans nombre qui viennent assaillir le voyageur dans un pays sauvage et désert, où la barbarie est partout et ne fait qu'emprunter parfois le masque de la civilisation. Mais si celui-là seul connaît la tristesse et l'amertume qui s'emparent du cœur loin du sol natal, quand, séparé de tout ce qui lui est cher, il craint de ne jamais revoir son pays et les siens, il est le seul aussi à goûter les douces émotions et les joies infinies du retour. Le voyage fait mieux apprécier la patrie, rectifie et agrandit les idées, dissipe les préjugés et donne de l'expérience; mais il faut s'armer de patience et de résignation, et ne reculer ni devant la fatigue ni devant les dangers et les privations de chaque jour. Heureux celui qui est revenu sain et sauf d'une expédition d'outre-mer; il se rappelle les mauvais jours et bénit Dieu de son bonheur inespéré!

> Tel un pilote octogénaire,
> Du haut du rocher solitaire,
> Le soir tranquillement assis,
> Laisse au loin égarer sa vue
> Et contemple encor l'étendue
> Des mers qu'il sillonna jadis.
>
> LAMARTINE. 1res *Méditations.*

Si ces pages pouvaient dissiper quelques erreurs accréditées en Europe et faire naître le désir de visiter et d'explorer le continent américain, je serais récompensé de mes efforts et mon but serait atteint.

VOYAGE
DANS
L'AMÉRIQUE DU SUD

PÉROU ET BOLIVIE.

CHAPITRE I

Idée générale du Pérou. — Son aspect physique. — Le Pérou avant la conquête. — Indépendance et gouvernement actuel.

Le Pérou peut se diviser en trois parties bien distinctes : la Côte, la Puna et la Montaña.

La Côte s'étend depuis l'océan Pacifique jusqu'à la chaîne des Andes.

La Puna embrasse l'espace compris entre les deux Cordillières qui courent presque parallèlement à la côte.

La Montaña désigne, au Pérou, le pays couvert de forêts vierges et encore presque inhabité par la race civilisée ; elle est située au delà de la seconde chaîne des Andes et forme le commencement des vastes plateaux du Brésil.

Après avoir développé la carte physique de cette contrée, nous allons, avant de commencer le récit de notre voyage, parler en peu de mots de la nature de chacune de ces trois zones.

La Côte. C'est une région aride, sablonneuse, improductive. L'aspect de cette partie du Pérou est triste et désolé; loin d'être un Eldorado, comme nous nous le figurons en Europe, c'est plutôt un désert parsemé de quelques oasis. Un cours d'eau vient-il parfois animer le paysage et porter dans ces sables brûlants la fraîcheur et la vie, on voit alors la verdure et la végétation se presser sur la rive, et l'homme mettre à profit cette source vitale pour ses travaux de culture; mais tout le terrain non arrosé reste frappé de stérilité. Quelques vallées privilégiées doivent à de petites rivières leur abondance et leur fertilité. C'est dans une de ces vallées que s'élève, à deux lieues de la mer, la ville de Lima, la *Ciudad de los Reyes,* cette cité que la beauté, la grâce et l'esprit railleur de ses habitantes a rendue si célèbre; c'est aussi dans une de ces vallées qu'est bâtie Aréquipa, la seconde ville de la république péruvienne et par l'importance de sa population et par l'extension de son commerce.

Avant la conquête du Pérou par Pizarre, ces plaines sablonneuses étaient cultivées sur une grande étendue; de nombreux canaux d'irrigation, que les industrieux Incas avaient construits à l'exemple des Maures en

Espagne, fécondaient un terrain déshérité par la nature. L'art avait triomphé d'un sol ingrat ; ces champs, aujourd'hui incultes, se couvraient chaque année de riches moissons ; mais les Espagnols apportèrent avec eux la destruction et la mort : l'agriculture fut délaissée ; la plaine redevint une vaste solitude ; les conquérants, méprisant les arts agricoles, seule richesse vraiment durable, laissèrent tomber en ruine tous ces précieux canaux pour s'adonner exclusivement aux travaux des mines et chercher, dans les profondeurs de la terre, les trésors qui devaient causer leurs malheurs. La conquête fut donc, au point de vue économique, un événement désastreux pour le Pérou et anéantit promptement les bienfaits de la civilisation des Incas.

A la destruction des canaux vient se joindre une cause naturelle qui contribue à entretenir cette affreuse aridité : c'est le manque de pluie. L'eau du ciel ne rafraîchit presque jamais l'atmosphère, et arrose à peine la surface de ce sol stérile. Pendant trois ou quatre mois seulement, de juin en octobre, il tombe d'épais brouillards qui humectent légèrement la couche supérieure de la terre ; mais quand le soleil reparaît, le peu de verdure que les brouillards avaient fait naître est aussitôt brûlé par ses ardents rayons. Pendant quelques mois seulement, les cerros qui environnent Lima prennent une teinte verdoyante que l'on voit avec regret disparaître trop promptement.

La Puna. Quand on s'éloigne de la côte et qu'on quitte la plaine sablonneuse pour gravir la Cordillière, on entre dans une région non moins désolée, quoique d'un aspect différent. Dans certaines gorges de montagnes on croirait être sur l'emplacement d'une ville bouleversée de fond en comble par une de ces catastrophes trop fréquentes dans l'Amérique du Sud, où les tremblements de terre renversent en un instant des cités entières et portent la désolation dans toute l'étendue d'un vaste empire; on voit de nombreux quartiers de roc épars çà et là sur le sol et amoncelés les uns sur les autres, semblables à des ruines d'anciens monuments; on dirait que la plupart de ces blocs ont été taillés et façonnés de main d'homme et que les édifices, dont ils semblent faire partie, étaient encore debout la veille.

Entre les deux chaînes de la Cordillière s'étendent de vastes plateaux couverts d'un chétif gazon et élevés, en moyenne, de 12,000 pieds au-dessus du niveau de la mer. A cette hauteur, la rigueur du froid est telle qu'il y a absence presque totale de végétation : quelques grêles solanées croissent cependant sous l'influence de la culture. Pour expliquer l'existence d'une culture possible à cette altitude, il est bon de faire remarquer que le niveau des neiges en Europe est bien inférieur au niveau des neiges en Amérique. Ces plateaux sont habités par de misérables Indiens, descendants de la race que gouvernaient les Incas lors de la conquête.

Ces Indiens vivent sous de pauvres huttes de terre et se nourrissent de viande salée et de pommes de terre gelées. Les animaux que l'on rencontre sont des vigognes, des alpacas, des lamas et des moutons; leur laine est exportée en Europe : la toison de la vigogne est la plus fine et la plus estimée que l'on connaisse.

Les montagnes qui environnent de tous côtés le voyageur dans cette partie du Pérou offrent les aspects les plus pittoresques et les plus imposants. Les cimes élevées de la Cordillière se perdent dans les nuages, et sa base dans les profondeurs de l'Océan : une ceinture de neiges éternelles enveloppe ses flancs. Ses pentes affectent des différences remarquables; le versant occidental s'incline peu à peu et sur une grande étendue vers l'océan Pacifique, tandis que le versant opposé, qui regarde le Brésil, est très-rapide et très-escarpé. Aussi le voyageur, en sortant de la Puna par le versant oriental des Andes dans la direction de l'Atlantique, passe-t-il en quelques heures du climat des pôles à celui des tropiques, et, après avoir couché dans la neige, il se repose vers le milieu du jour en pleine forêt vierge.

La Montaña. En quittant la Puna, si vous franchissez la seconde Cordillière, vous pénétrez dans cette région où la végétation déploie ses richesses et se montre dans tout son éclat; vous êtes dans ces forêts vierges où la fécondité du sol est entretenue et augmentée par des pluies abondantes, qui tombent presque toute l'année.

L'arbre séculaire, les branches chargées de lianes et de plantes parasites, élève jusqu'au ciel sa cime majestueuse, protégeant de son ombre sa nombreuse postérité. Quand, après bien des siècles, la mort et la pourriture le gagnent, il tombe, brise et écrase tout ce qu'il rencontre; le bruit formidable de sa chute est répété par les échos d'alentour et trouble un instant le silence de ces immenses solitudes. L'élégante fougère en arbre, le bambou à la feuille si gracieuse, l'orgueilleux palmier, tous les arbres tropicaux étalent à l'envi leur admirable végétation. Les jaguars, les singes, les oiseaux au brillant plumage habitent ces forêts ; le farouche jaguar, à la robe mouchetée, signale parfois sa présence par un affreux rugissement. Une troupe de singes, se poursuivant l'un l'autre, remplissent l'air de leurs cris aigus, et, atteignant avec une agilité incroyable le sommet des plus hauts arbres, ils se laissent glisser jusqu'à terre le long des lianes. L'oiseau-mouche, aux vives allures, voltige de fleur en fleur, étalant au soleil ses ailes de rubis et d'émeraude. Une bande de perroquets pousse des cris perçants et s'envole effrayée à l'approche du voyageur. Le hocco et la pénélope, quoique protégés par l'épais feuillage, tombent percés par la flèche de l'Indien. Le serpent fuit en rampant à travers les hautes herbes et regagne en sifflant sa demeure souterraine. La tourterelle, au collier noir, roucoule sous la feuillée, et l'intrépide fourmi ne recule devant aucune fatigue pour approvisionner ses greniers. Le moustique fredonne sa chanson accoutumée, et l'insecte bourdonne à l'écart, blotti sous l'écorce d'un caoba renversé par l'orage.

Ces pays, si favorisés sous le rapport de la fertilité, ne sont malheureusement habités que par quelques tribus sauvages qui ne tirent aucun profit de la fécondité du sol. Les Espagnols ont bien pénétré sur divers points dans ces forêts tropicales, mais les tentatives de colonisation n'ont amené que des résultats insignifiants; et, si certaines portions ont été défrichées, le nombre des colons est peu considérable pour une si vaste superficie. Les terrains cultivés produisent en abondance et presque sans efforts la canne à sucre, le café, le cacao, la coca et le manioc.

Puisse une ère plus heureuse s'ouvrir pour le Pérou! Sous un gouvernement stable, sage et éclairé, la face de cette république changerait bientôt; les canaux rétablis ramèneraient la vie dans des déserts incultes; de bonnes routes sillonneraient ce pays en tous sens; la prospérité naîtrait avec des moyens faciles de communication; la colonisation ne trouverait plus d'obstacles sérieux, et si le Pérou venait à se peupler, il deviendrait, en moins d'un siècle, un des États les plus florissants des deux continents.

Le Pérou était déjà un grand empire, gouverné par un puissant souverain, lorsqu'en 1531 les Espagnols, sous la conduite de François Pizarre, abordèrent sur ses côtes et entreprirent sa conquête. Je n'entrerai point ici dans tous les détails de cette histoire ; ils m'entraîneraient au delà des bornes que je me suis assignées. Je ne ferai que rappeler succinctement l'origine de cette monarchie, renvoyant ceux qui désireraient connaître à fond l'intéressante histoire des Incas à l'excellent ouvrage de Prescott sur la conquête du Pérou.

L'empire des Incas s'étendait sur la côte de l'océan Pacifique depuis le 2ᵉ degré de latitude nord jusqu'au 37ᵉ de latitude sud ; il comprenait l'Équateur, le Pérou, la Bolivie et une partie du Chili. Il est plus difficile de préciser ses limites de l'ouest à l'est : borné à l'ouest par le Pacifique, il s'étendait à l'est jusqu'aux pays peuplés par les tribus sauvages.

Il paraît que la civilisation péruvienne prit naissance dans la vallée du Cuzco. L'origine de l'empire des Incas se perd dans la nuit des temps, et la fable environne le berceau de cette nation d'un voile non moins impénétrable que celui qui enveloppe l'enfance de la plupart des autres peuples. Les historiens les plus compétents rapportent que les anciennes races du continent américain étaient plongées dans la plus déplorable barbarie : ces peuples adoraient tous les objets de la nature, la guerre formait leur principale occupation, et, dans leurs festins, ils mangeaient la chair de leurs prisonniers. Touché de cet état d'abjection, le Soleil eut pitié de ces malheureux mortels, et leur envoya deux de ses enfants pour leur enseigner les arts de la civilisation. Manco Capac et Mama Oello, sa sœur, avec laquelle il était uni par les liens du mariage, quittèrent les îles du lac Titicaca, portant avec eux un coin d'or ; ils devaient fixer leur résidence à l'endroit où cet emblème sacré s'enfoncerait en terre sans effort. Lorsqu'ils furent arrivés au cerro de Huanacauri, au midi de la vallée de Cuzco, le coin pénétra dans le sol au premier coup et disparut pour toujours.

Le bruit de ce prodige se répandit bientôt parmi les habitants de cette vallée, et ceux-ci se laissèrent persuader par les raisons ingénieuses que leur donna Manco Capac pour prouver sa descendance divine. Ayant ainsi réuni un grand nombre de familles, Manco Capac fonda une ville qu'il nomma Cuzco, ce qui, au dire de Garcilasso, signifie nombril : ce nom lui vient de sa situation au centre des provinces. Il fut proclamé Inca, c'est-à-dire roi ou seigneur. Premier monarque de sa dynastie, il établit au Cuzco sa cour et le siége de son empire. Il fit élever des temples au Soleil et construisit son palais sur les hauteurs de Collcampata ; on en voit encore les ruines près de l'église paroissiale de Saint-Christophe. Il enseignait aux hommes les arts de l'agriculture, tandis que Mama Oello initiait les personnes de son sexe aux travaux de la filature et du tissage.

Les successeurs de Manco Capac gouvernèrent avec une égale sagesse, et, sous leur bienfaisante domination, cet empire devint puissant et redoutable à tous ses voisins. Telle est l'origine de cette monarchie, si nous en croyons Garcilasso dont l'opinion s'appuie sur les traditions populaires.

D'autres auteurs parlent d'hommes blancs et barbus, sortis des îles de la lagune Titicaca, qui auraient apporté aux Péruviens les bienfaits de la civilisation.

Ces événements extraordinaires seraient arrivés quatre cents ans avant l'invasion des Espagnols, dans les premières années du XIIe siècle. Prescott pense que la fiction de Manco Capac fut inventée, à une époque postérieure, pour flatter la vanité des monarques péruviens et augmenter leur autorité, en leur donnant une origine céleste.

Je serais assez porté à croire, avec quelques historiens, qu'il existait déjà au Pérou une race civilisée antérieurement à l'apparition des Incas, et, s'il faut ajouter foi aux traditions les plus vraisemblables, cette race aurait habité les bords du lac Titicaca, où l'on voit encore de majestueux vestiges d'antiques monuments. Le passé de ces peuples est trop obscur pour qu'un historien puisse, en l'absence de tout document, avoir l'espérance légitime de porter quelque lumière dans ces ténèbres [1].

Atahualpa régnait au Pérou lors du débarquement de Pizarre ; malheureusement la majorité des compagnons d'armes de ce vaillant capitaine se composait du rebut de la population, la plupart n'étaient que des aventuriers avides qui se sont précipités sur l'Amérique comme sur une proie et qui ont déshonoré, par leur insatiable avarice et leur conduite barbare envers les vaincus, le caractère noble et loyal qui distingue le peuple espagnol.

Après avoir mis à mort le dernier souverain de la race de Manco Capac et renversé l'empire des Incas, les conquérants commirent toutes sortes de cruautés ; il n'y eut rien de sacré pour eux, ils ne reculèrent devant aucun crime pour se procurer des trésors, et leurs indignes mains ont livré aux flammes et au néant tous les documents qui auraient pu jeter quelque lumière sur la vie de ces peuples et sur leur histoire. En effet, de quel intérêt pouvaient être pour ces farouches aventuriers, sensibles au seul éclat de l'or, et cette civilisation avancée et ces monuments gigantesques ? que leur importait l'origine de ces nations ? Une basse cupidité absorbait leurs âmes vénales, était le mobile de toutes leurs actions : la passion de l'or les aveuglait et leur

---

1. Voir Sarmiento, Herrera et Zarate.

faisait oublier qu'ils auraient un jour à rendre compte du sang de tant de victimes innocentes qui expiraient sous leurs coups en criant vengeance. Mais Dieu, dans sa justice, frappa de réprobation cette race cruelle et corrompue ; et la découverte de l'Amérique, qui devait accroître la force et la grandeur de la monarchie espagnole, amena sa décadence et précipita sa ruine. Les travaux des mines firent négliger l'agriculture, véritable source de progrès réels et de solides richesses, et l'Espagne, au lieu de tirer profit de ses conquêtes, s'est affaiblie progressivement jusqu'au jour où ses colonies levant l'étendard de la révolte se sont affranchies d'un joug trop pesant. Depuis que les colonies espagnoles ont conquis leur indépendance, elles n'ont pas cessé de végéter, et les révolutions, plus funestes que les tremblements de terre, ont, sans interruption, miné ces États chancelants. La main de Dieu semble s'être appesantie sur ces républiques d'hier, et elles expient le sang injustement versé. *Multa flagella peccatoris.* (Psaume 31) [1].

Le peuple qui veut conquérir pour coloniser doit profiter de l'expérience de ses devanciers. La première

---

1. Presque toutes les colonies ont eu pour premiers habitants des hommes sans éducation et sans ressources que la misère et l'inconduite poussaient hors du pays qui les avait vus naître, ou des spéculateurs avides et des entrepreneurs d'industrie. Il y a des colonies qui ne peuvent pas même réclamer une pareille origine : Saint-Domingue a été fondé par des pirates, et, de nos jours, les cours de justice d'Angleterre se chargent de peupler l'Australie. — DE TOCQUEVILLE (*Démocratie en Amérique*, ch. II.)

condition, c'est de ne pas envoyer le rebut de la nation dans les pays qu'on se propose de civiliser, et la seconde, c'est de diriger tous les efforts vers l'agriculture d'abord et ensuite vers l'industrie. Si la noble et valeureuse nation espagnole avait suivi ce système pour ses colonies, elle serait encore aujourd'hui une puissance de premier ordre.

Le Pérou, après avoir proclamé sa liberté, s'est constitué en république et a élu un président.

Les États naissants, pour s'organiser fortement, ont besoin, plus que tous les autres, de stabilité; aussi la forme du gouvernement adoptée pour le Pérou a-t-elle porté les fruits les plus désastreux. L'élection d'un chef pour une courte période est un système déplorable ; chaque élection nouvelle est une cause de perturbation et de dissensions plus ou moins sanglantes, et on se dispute les armes à la main le pouvoir, appât jeté à l'ambition de tout citoyen.

L'enfance d'un peuple, comme celle de tout nouveau-né, ne peut se passer de protection. La concorde et la paix intérieure sont, pour ces jeunes États, des éléments essentiels de force et de prospérité pour l'avenir, tandis que les révolutions exercent sur eux les mêmes ravages que la fièvre sur le corps humain : elles les minent, elles s'opposent à leur développement, elles leur préparent une vieillesse prématurée et leur jeunesse présente déjà les caractères de la caducité. Ces

États languissants n'acquièrent jamais la vigueur de la virilité, ils végètent toujours au milieu des convulsions de la guerre civile.

Le Pérou est entré dans une voie fatale, la guerre civile épuise ses forces; depuis l'indépendance, il dépérit encore chaque jour davantage, bouleversé sans relâche par des dissensions intestines; son état n'a fait qu'empirer depuis qu'il est libre. Et, cependant, que d'éléments de prospérité renferme ce pays privilégié! Il n'est pas dans le monde entier, je ne crains pas de l'affirmer, une seule contrée plus favorablement dotée par la nature. Le guano est une source intarissable de trésors, et les environs d'Iquique recèlent d'autres richesses non moins considérables [1]. Quelle bonne fortune pour un peuple qui se forme, d'avoir sous la main et dans de telles proportions l'argent nécessaire pour suffire pendant longtemps à tous ses besoins! Les îles Chincha seules fournissent assez de ressources pour rendre inutile l'établissement d'aucun impôt et pour remplir le trésor public. Mais, faut-il le dire? ce qui devrait faire la prospérité du Pérou est la cause première de ses malheurs : ces richesses, qui s'acquièrent sans peine, entretiennent l'état d'agitation fébrile dans lequel se débat cette république; elles deviennent le point de

---

[1]. Il s'agit ici d'immenses couches souterraines de borate de chaux et de soude qui appartiennent au gouvernement et qui n'ont pas encore été exploitées.

mire de tous les ambitieux, elles sont dissipées follement sans utilité pour la nation. On recherche la présidence non pour l'honneur de gouverner sagement et de faire le bien, mais souvent pour satisfaire une basse cupidité. L'anarchie est l'état permanent de ce malheureux pays; et, profitant du désordre public, un pouvoir éphémère puise à pleines mains dans la caisse de la nation.

Les autres colonies, qui ont secoué le joug de l'Espagne, leur métropole, n'ont pas fait un meilleur usage de leur liberté; le Chili lui-même, que l'on citait comme la république modèle de l'Amérique du sud, après avoir joui de quelques années de tranquillité, est entré également dans une période de révolutions.

Le Brésil, au contraire, depuis qu'il est séparé du Portugal, offre un exemple bien différent : puisse le Pérou y voir un enseignement salutaire ! L'empire brésilien est devenu un État florissant et respecté, et, sous le gouvernement éclairé de l'empereur actuel, il fait, chaque jour, de sages et solides progrès dans la voie de la civilisation : un léger nuage paraît-il quelquefois à l'horizon, le calme succède bientôt à cet orage passager.

CHAPITRE II

Quelques mots sur Lima et sur ses mœurs. — Abolition de l'esclavage au Pérou. — Suppression de l'impôt des Indiens.

Après avoir placé sous les yeux de mes lecteurs le panorama du Pérou à vol d'oiseau et avoir tracé une esquisse rapide de l'aspect général de cette contrée, je ferai encore précéder le récit de mes excursions à l'intérieur de quelques notions succinctes sur la capitale de la république péruvienne et sur ses habitants. J'ai séjourné quatre mois entiers à Lima, étudiant ce peuple si renommé pour l'originalité de ses mœurs, admirant la grâce et l'esprit moqueur de la Liménienne et employant le reste de mes loisirs à préparer mon expédition au Cuzco et aux régions tropicales.

Lima est de toute l'Amérique du sud la ville la plus originale : elle a un caractère qu'on ne retrouve nulle part ailleurs et un aspect tout particulier. Fondée par François Pizarre en 1535, elle fut la capitale de la vice-royauté du Pérou et devint bientôt une cité florissante et populeuse. Malgré les tremblements de terre qui l'ont souvent dévastée et les révolutions qui se sont continuellement succédé depuis l'indépendance, elle a conservé de brillants vestiges de son ancienne splendeur. Les façades surchargées des églises, leurs coupoles massives, leurs lourds clochers; les riches cloîtres des couvents; les maisons à un seul étage avec leurs balcons couverts et fermés [1], leurs toits plats, leurs belvédères élancés; les rues mal pavées se coupant toutes à angles droits et arrosées par de petits canaux placés au centre où circule l'eau courante; les galeries qui règnent autour de la grande place avec leurs boutiques où s'étalent à l'envi tous les produits de l'industrie du vieux monde à côté de ceux du nouveau continent; les plantations exotiques des promenades publiques; tout, à Lima, attire les regards et étonne par sa nouveauté l'Européen récemment débarqué.

Vue de la hauteur, Lima se présente sous un aspect plus étrange encore : on croirait apercevoir une ville en ruine, qui vient d'être détruite par une grande catastrophe. Ces maisons basses, ces toits plats formés d'une couche de boue, les chauves *gallinasos* au lugubre plumage qui couronnent toutes les plates-formes, contribuent à rendre l'illusion plus vraisemblable; et,

---

1. Ces balcons sont fermés par des treillages en losanges et peints en vert.

si, oubliant le présent, vous vous laissez égarer dans vos rêveries, entraîné par votre imagination loin de la vie réelle, vous devenez bientôt la proie des hallucinations les plus fantastiques.

On rencontre encore, à Lima, de ces costumes pittoresques et de ces mœurs caractéristiques qui ajoutent tant de charmes au voyage. Malgré la tristesse de ses environs et l'aridité des cerros [1] qui la dominent, Lima a toujours captivé la bienveillance des étrangers qui trouvent dans cette nouvelle Capoue un adoucissement aux regrets amers de l'exil. L'hospitalité y est si franche, les réceptions y sont si cordiales, les réunions si gaies, que le cœur se réjouit en retrouvant presque une seconde patrie sur la terre étrangère.

Toutes les races y sont représentées : le créole blanc et l'Européen y coudoient le nègre d'Afrique, et le Chinois l'Indien indigène ; il y a en outre un nombre considérable de métis. On nomme gens de couleur tous ceux qui ont du sang noir dans les veines : parmi les métis on distingue le *mulâtre*, fils du blanc et du nègre ; le *cholo*, fils du blanc et de l'Indien ; et le *sambo*, fils de l'Indien et du nègre. Le *métis* a une haine profonde pour le blanc, l'homme de *sangre azul* au sang d'azur, et celui-ci accable la classe des métis de sa supériorité et de son mépris.

---

1. Cerro, montagne.

Selon un dicton populaire, Lima est le paradis des femmes et le purgatoire des maris; en effet, la Liménienne est une souveraine dont l'empire est incontesté, et elle n'est pas indigne de l'influence qu'elle exerce. On ne saurait trop vanter son esprit naturel, sa verve satirique et inépuisable, sa grâce innée, son amabilité, la vivacité de ses allures, l'élégance de ses manières, le feu de ses regards, ses pieds mignons, sa main d'enfant et son abondante chevelure noire.

J'ai pris part aux divertissements du carnaval liménien, j'ai assisté aux processions et aux combats de taureaux; j'ai vu les cérémonies de la semaine sainte et la fête des *amancaes*; je ne parlerai ni de ces fêtes religieuses ni de ces divertissements populaires qui sont dépeints dans tous les ouvrages.

La *saya* et le *manto* excitaient surtout ma curiosité; ce costume bizarre que les Liméniennes savent porter avec tant de coquetterie et de grâce, ne laisse apercevoir qu'un œil et une faible partie du bras, mais cet œil agaçant, et la blancheur de ce bras qui contraste avec la couleur d'un vêtement de soie noire, révèlent souvent des trésors de jeunesse et de beauté. Une petite main, l'orgueil de la Liménienne, emprisonnée dans un joli gant, maintient la mante qui couvre le visage et ajoute un attrait de plus aux charmes dont l'imagination se plaît à parer celle qui vous intrigue sous le voile.

Ce costume est trop connu pour que je croie nécessaire d'entrer ici dans de plus longs détails. Disons seulement que la saya et le manto ne forment déjà plus le vêtement usuel de la Liménienne et déplorons la tendance actuelle de tous les peuples à abandonner leurs usages particuliers et leurs costumes nationaux pour se façonner aux usages et adopter les costumes de nos grandes capitales d'Europe : c'est ainsi que l'uniformité couvrira bientôt d'une même couche le monde entier ; cette diversité de mœurs qui donnait tant d'attraits au voyage disparaît chaque année sans retour. Aujourd'hui la robe française et le chapeau parisien se sont substitués à la saya et au manto, les modes européennes sont suivies avec la dernière rigueur ; ce n'est que dans les processions ou aux combats de taureaux que l'on retrouve encore le vêtement national. Cependant, les jours ordinaires, la Liménienne se couvre souvent la tête et le visage de son châle comme avec l'ancienne mante, et cette tenue négligée ne manque ni de charme ni de cachet.

Cette transformation des mœurs sous le rapport de la toilette a été accompagnée d'un changement notable au point de vue du caractère et des habitudes. La Liménienne n'est plus aussi frivole, aussi prodigue, aussi insouciante que par le passé ; il semble qu'un contact prolongé avec les Européens établis à Lima ait modifié ces natures naïves. La politique et les révolutions qui ont désolé le Pérou ont divisé les familles; elles ont aussi contribué à attrister la société liménienne et à secouer son insouciance naturelle en lui inspirant des craintes sérieuses pour l'avenir.

A ces causes il faut ajouter en outre la décroissance de la richesse des citoyens par suite de l'épuisement des mines.

Autrefois les fameuses mines d'argent du Cerro de Pasco et de Puno fournissaient au luxe et aux prodigalités de leurs heureux propriétaires; le produit annuel de ces mines permettait à ceux qui les exploitaient de satisfaire leurs fantaisies les plus coûteuses. Sans songer que la source de ces trésors pouvait tarir, ils puisaient sans mesure et à pleines mains dans ces coffres naturels; mais les travaux furent mal dirigés, le minéral argentifère remplaça l'argent massif, aux filons riches succédèrent d'autres filons moins productifs, et le minerai, plus pauvre de jour en jour, au lieu de donner, comme jadis, de fabuleux bénéfices, offre à peine une rémunération suffisante pour une exploitation dangereuse et pénible. Le Cerro de Pasco est bien déchu de son ancienne opulence, et sa prospérité décroît, chaque année, avec ses richesses souterraines. La mine de Puno, qui a acquis tant de renommée pour l'abondance de l'argent qu'elle a produit, est aujourd'hui abandonnée. Combien est loin le temps où Salsedo, pour honorer le comte de Lemos, alors vice-roi, qui devait venir visiter son exploitation, fit paver en lingots d'argent tirés de sa mine les derniers trois quarts de lieue de la route du Cuzco à Puno! Ce qui est vrai pour Puno et le Cerro de Pasco l'est également pour Huancavelica[1] et pour tant d'autres gisements métallurgiques qu'il serait trop long d'énumérer.

Dans les familles péruviennes le père paraît rarement, la jeune fille commande et fait les honneurs de la maison dès l'âge de quinze ou seize ans; à partir de ce moment la mère se tient à l'écart. Une liberté pleine de charmes règne dans cette société : il suffit à un étranger d'être présenté par un habitué de la maison pour être accueilli avec la plus franche cordialité, et pour que la *casa* soit mise de suite à sa disposition. La formule « *la casa es a la disposicion de Usted,* » usitée au Pérou, signifie que vous êtes désormais considéré comme un ami et que vous serez toujours le bienvenu. Chaque famille reçoit tous les soirs, on prend le thé sur les dix heures, la soirée se passe à parler toilette ou à deviser des choses les plus frivoles, seule conversation possible dans un pays où l'instruction est peu répandue : quelquefois on se livre au plaisir de la danse.

La *samacueca* ou *sambacueca,* danse nationale, aux libres allures et aux poses lascives, est aujourd'hui reléguée dans la basse classe ; la contredanse a fait irrup-

---

1. Mine de mercure entre Lima et le Cuzco.

tion au Pérou et a détrôné en partie la samacueca : ainsi l'originalité s'efface tous les jours. Pour l'étude des mœurs j'eus la curiosité d'assister plusieurs fois à des fêtes de nègres, dans l'intention de voir danser la samacueca. Je me contenterai de décrire la composition de l'orchestre, sans parler ici des poses des danseurs, peu en rapport avec la chasteté de nos mœurs et le respect dû aux convenances. La musique, au son de laquelle le cholo ou le nègre exécute les figures de sa danse de prédilection, est monotone et quelque peu lugubre, ainsi qu'on peut en juger par l'énumération suivante : la *viguela* ou guitare est l'instrument indispensable, des négresses chantent en chœur, de leurs voix stridentes et enrouées, des couplets de circonstance en frappant dans leurs mains, tandis qu'une chola ou une samba bat en cadence une tablette peu épaisse qui rend des sons plus ou moins harmonieux. La chicha et l'eau-de-vie provoquent l'entrain du danseur, rallument son énergie qui chancelle et réveillent sa verve en lui donnant des inspirations nouvelles.

J'ai eu également plusieurs fois occasion de m'asseoir à la table des Péruviens et d'étudier les usages de ce peuple dans les repas. Le menu des dîners d'apparat, à Lima, se rapproche assez de celui de nos grands banquets européens; la différence consiste moins dans la composition elle-même que dans la décoration des plats, qui est moins soignée, et dans le service, qui laisse beaucoup à désirer. D'ailleurs ce sont, la plupart du temps, des cuisiniers français qui ont préparé le festin, mais le manque de certaines ressources arrête l'essor de leur talent culinaire. Les repas de tous les jours, au contraire, sont loin d'être luxueux, et, comme dans l'intérieur[1], ils sont très-simples; ces derniers se composent ordinairement d'un chupé, de riz pimenté, de viande rôtie et d'eau pure. L'usage autorise la jeune fille, qui veut faire une politesse à l'un des hôtes, à lui envoyer au bout de sa fourchette un petit morceau de la viande ou d'un comestible quelconque qu'elle a sur son assiette, et le convive doit en échange lui en renvoyer un autre morceau. Les toasts sont fréquents, et j'ai vu souvent la maîtresse de la maison remplir son verre de vin, y tremper les lèvres, puis l'offrir à un des assistants qui s'empressait d'en boire le contenu. Ces particularités, insignifiantes en apparence, font mieux connaître les mœurs d'un pays que les généralités banales consignées dans certaines relations.

Parmi les cérémonies religieuses dont j'ai été témoin, il en est quelques-unes qui méritent d'être rapportées : ainsi à Chorillos, près Lima, le jeudi saint, douze cholos vêtus en soldats gardent le tombeau de Notre-Seigneur, et pendant vingt-quatre heures consécutives il leur est formellement interdit de remuer,

---

1. L'intérieur, c'est l'intérieur du pays.

de boire, ni de manger, sous peine d'irrévérence. La plupart des gardiens du Christ tombent malades des suites de cette abstinence forcée, et d'une pose fatigante si longtemps prolongée.

A l'époque de la Fête-Dieu, j'étais au Cerro de Pasco : l'église principale est, à cette occasion, décorée de tentures, de trophées et de cierges allumés. Plusieurs reposoirs sont dressés dans la ville ; des drapeaux surmontent le faîte, le fronton est orné de tentures rouges et bleues couvertes de broderies, d'onces en or, de piastres et autres objets en argent. A l'intérieur de ces chapelles en plein air, un ou deux portraits de la sainte Vierge figurent au milieu de gravures coloriées représentant les batailles de Napoléon, et des scènes érotiques, singuliers sujets religieux ! La procession sort de l'église ; des groupes d'Indiens costumés exécutent devant le saint sacrement des danses grotesques ; et un nègre, vêtu en diable, époussette un ange avec un long plumeau en faisant les grimaces les plus sataniques. Après le passage de la procession, le reposoir est immédiatement converti en théâtre ambulant ; une partie de la tenture qui couronnait la chapelle est relevée, et des Indiens font danser les marionnettes. Ces *titares* exécutent les danses les plus lascives, et chaque danse se termine invariablement d'une manière peu décente. Dans les entr'actes, des poupées d'une plus forte dimension paraissent au-dessus des tentures ;

elles simulent des prêtres se livrant à la prédication et se disputant entre eux ; puis les Indiens placent un grand verre plein de chicha[1] dans les bras de ces poupées, qui répandent le contenu sur la foule ravie de ce spectacle. Il n'est pas rare au Pérou de voir cette union intime de la religion avec la superstition et l'immoralité.

Dans l'intérieur, on nomme des majordomes à chaque fête ; il y a des cholos qui travaillent deux et trois années entières, eux et leur famille, pour s'illustrer par le luxe qu'ils déploient à la solennité dont ils sont les majordomes. Dans ces circonstances, il y en a qui, pendant une semaine, nourrissent toute la population de leur pueblo et paient toutes les dépenses. Chaque pays affecte dans ses mœurs un faste plus ou moins bizarre, et celui-ci ne le cède à aucun autre.

La majorité du clergé péruvien se fait remarquer par une conduite peu régulière ; aussi son autorité diminue peu à peu et perd chaque jour de sa force. On a soin d'entretenir le peuple dans l'ignorance et la superstition pour le diriger plus commodément. Étudiez les Liméniens au point de vue de l'éducation religieuse, et vous découvrirez, non sans étonnement, une dévotion outrée unie à un grand relâchement de mœurs.

Par respect pour la morale et la religion, j'éviterai

[1]. Liqueur fermentée.

de mettre en lumière tout ce qui touche à la vie des couvents ou à celle des prêtres séculiers.

Sous le rapport de la dépravation, les autorités civiles, en général, ne sont pas malheureusement à l'abri de tout blâme. Le mauvais exemple vient souvent de ceux qui ont reçu la noble mission de moraliser la basse classe.

Le président de la République, don Ramon Castilla, a signalé son administration par deux actes qui ont exercé une influence très-marquée sur la fortune du Pérou : l'exemption du tribut que les Indiens indigènes payaient au Trésor public et l'abolition de l'esclavage.

La liberté accordée instantanément aux nègres esclaves a été un événement funeste pour le Pérou; cette précipitation a eu pour effet immédiat de priver l'agriculture de bras dans un pays où les efforts du gouvernement devraient tendre au contraire à accroître la population ouvrière et où le sol reste stérile, faute de travailleurs pour le cultiver. Le nègre, paresseux par nature, profite de son émancipation pour satisfaire ses goûts innés de nonchalance, et, s'il consent à travailler, c'est uniquement pour se procurer les ressources nécessaires à la vie; mais, par suite de la cherté de la main-d'œuvre et de la disette d'ouvriers, il gagne en une semaine de quoi faire face à ses besoins de tout le mois. Cette race vicieuse et pervertie, essentiellement méchante, ne mérite pas l'intérêt que l'Europe lui porte;

il n'est pas de négrophile qui ait vécu quelque temps avec les nègres sans éprouver pour ces Africains du dégoût et de l'aversion : âmes basses et rampantes, ils ont contracté tous les vices de la civilisation sans comprendre ni pratiquer la vertu. Je sais que quelques publicistes, spéculant sur la crédulité publique et désireux de se faire un nom parmi les bienfaiteurs de l'humanité, ont été colportant partout des anecdotes imaginaires, et attribuent aux propriétaires d'esclaves des cruautés inouïes inventées à plaisir dans le silence du cabinet; mais ces auteurs, si pénétrés de leur sujet, savent mieux que moi que les esclaves sont les premiers à se moquer de ces livres qui les représentent gémissant sous un joug sanguinaire et intolérable, soumis aux traitements les plus durs. Tâchez de leur expliquer la dignité humaine, ils riront sans vous comprendre; ce qu'ils désirent, ce n'est pas la liberté, c'est le droit de ne rien faire : que leur importe d'être libres ou esclaves, s'il faut subir la loi du travail?

Visitez une plantation, et vous jugerez de la fausseté des incriminations accumulées sur le compte des propriétaires d'esclaves : l'esclave, au contraire, est bien traité. L'intérêt du maître combattrait au besoin sa cruauté, si elle était réelle; en effet, un nègre maltraité perd beaucoup de sa valeur, et les coupables ne sont punis qu'à la dernière extrémité. « Comment voulez-vous que nous fassions mourir sous les coups un esclave qui a une valeur de quatre ou cinq mille francs? répondra un propriétaire d'esclaves ; nous soignons nos nègres comme vous soignez vos beaux chevaux. » Un esclave, en Amérique, est un capital.

Émancipez les nègres à Cuba, et vous verrez aussitôt dépérir cette colonie florissante. Les champs de la Louisiane cesseraient, avec l'émancipation, de fournir à l'Europe le coton qui fait vivre des milliers d'individus en France et en Angleterre. Un jour viendra, et je l'appelle de mes vœux, où l'esclavage sera aboli, mais ce jour n'est pas encore venu. Combien il est facile de défendre la cause de la liberté quand il ne doit en résulter aucun préjudice pour le défenseur ! Si des cœurs généreux répugnent à voir des hommes, quoique d'une race inférieure, être la propriété d'autres hommes, qu'ils ne fondent pas leurs arguments en faveur de l'affranchissement sur la condition malheureuse des esclaves, car leur sort est moins dur que celui de certaines de nos classes ouvrières. De généreuses paroles ne dénotent pas toujours un cœur généreux : il en coûte si peu d'élever la voix pour demander aux autres un sacrifice qu'on ne ferait pas soi-même. On laissera mourir de faim et de misère un vieillard impotent ou un ouvrier ruiné par la maladie ; mais on prêchera l'abolition de l'esclavage : voilà l'humanité.

Affranchissez les nègres du jour au lendemain, vous portez la perturbation dans les contrées où l'esclavage existe, vous ruinez les propriétaires et le pays, et vous nuisez à ceux-là même que vous voulez rendre libres. Les mesures violentes et précipitées ont toujours des conséquences fâcheuses. L'esclavage doit être détruit, mais procédez lentement. Commencez par améliorer le sort des esclaves[1], moralisez-les, préparez-les peu à peu à l'affranchissement, et ne proclamez leur liberté que quand vous les aurez rendus dignes d'en jouir et incapables d'en abuser.

Il est curieux de constater qu'aux États-Unis, pays de liberté et d'égalité, l'esclavage existe et y a des partisans très-convaincus. L'émancipation des nègres d'une part, le maintien de la servitude de l'autre, excitent, en ce moment, les plus vifs débats au sein de cette république. L'acharnement du Nord en faveur de la liberté des noirs n'est pas inférieur à la ténacité que le Sud apporte à la défense de ses droits. Mais ce qui est extraordinaire, incroyable, c'est que dans le Nord, où l'esclavage est aboli, le préjugé de la peau règne avec bien plus de force que dans le Sud, où l'esclavage subsiste encore. Le nègre ou celui qui a dans les veines la moindre goutte de sang noir y est mis à l'index et traité en paria; les théâtres lui sont fermés, l'entrée des voitures publiques lui est interdite, tous les droits lui sont

---

1. Il serait désirable que les lois ne permissent pas de vendre séparément une mère et son enfant : ajoutons que c'est un fait bien rare; je voudrais cependant qu'un tel acte fût prohibé par une réforme dans la législation actuelle.

refusés; tels sont les pays libéraux qui demandent la réforme et réclament à grands cris la suppression de l'esclavage. Le Sud, du moins, est plus franc dans ses allures : il admet la servitude, mais il est moins sévère et moins impitoyable pour le nègre esclave que le Nord ne l'est pour le nègre devenu libre.

Parlons maintenant de la suppression du tribut que les Indiens du Pérou payaient à l'État avant la présidence du *gran mariscal* Castilla. Cette innovation n'a pas eu un meilleur résultat pour le Pérou que l'abolition de l'esclavage. Ces Indiens, descendants de la race que gouvernaient les successeurs de Manco Capac lors de la découverte de Pizarre, sont, comme les nègres, essentiellement paresseux; et la facilité que leur offre la fertilité du sol pour récolter sans peine les substances alimentaires suffisantes à leurs besoins entretient cette apathie et cet amour du *far niente*. Tant que la République leur imposa un tribut, ils durent vaincre leur nonchalance naturelle et chercher, dans la culture de la terre et la location de leurs services, les moyens de se procurer les sommes exigées par l'État; mais, une fois libres de cet impôt, ils retombèrent dans leur insouciance, et l'agriculture se vit privée de ses principales ressources. L'avenir de l'agriculture est donc plus que jamais intimement intéressé à la réussite de la colonisation.

DOCUMENTS ANNEXES SUR LIMA.

Je ferai figurer ici, sous forme de pièce annexe, divers renseignements sur la ville de Lima, qui ne seront pas, je l'espère, sans intérêt pour certaines personnes.

La température de Lima est agréable : elle varie entre 13 et 22 degrés. L'air y est un peu épais, les montagnes qui environnent la ville l'empêchant d'être renouvelé. La pluie y est presque inconnue; seulement, de juin en octobre, il tombe de forts brouillards. Dans l'intérieur du Pérou, la saison des pluies commence en décembre pour se terminer au mois de mai; il est alors très-difficile de voyager : les chemins, déjà fort mauvais pendant la saison sèche, deviennent à peu près impraticables.

Lima jouit d'un climat sain et salubre : cependant la pureté de l'air est quelquefois viciée par des émanations fétides, surtout à l'époque des grandes chaleurs; on remédierait aisément à cet inconvénient en établissant une police sévère chargée de la propreté de la ville.

Les maladies les plus fréquentes dans la capitale de la République péruvienne sont : la dyssenterie, les fièvres intermittentes, les affections du foie, la phthisie et les tubercules pulmonaires. Cette dernière maladie est héréditaire ou provient soit de l'influence du climat, soit d'une vie déréglée; elle est mortelle.

POPULATION.

En 1535, Lima avait	70 habitants.
En 1780,	50,000 —
En 1820,	64,000 —
En 1856,	85,116 —
En 1857,	94,195 —

Il naît chaque année à Lima, en moyenne :

Hommes............ 1,619 ⎫
Femmes............ 1,549 ⎬ 3,168.

Hommes.		Femmes.	
Légitimes.	Illégitimes.	Légitimes.	Illégitimes.
675	944	699	850
1,619		1,549	

Blancs............... 1,456 ⎫
Nègres et Indiens...... 1,712 ⎬ 3,168.

Pour constater ces résultats, il a été indispensable de consulter les livres baptismaux des paroisses, car il n'existait pas anciennement de registres de l'état civil : leur création date seulement du 1ᵉʳ octobre 1857.

Il meurt chaque année à Lima, en moyenne :

Hommes.. 1,553 ⎫
Femmes.. 1,196 ⎬ 2,749. Enfants en bas âge : 2,077.

Tel est le résultat que présente le registre du cimetière, d'où il est facile de juger combien les constatations des naissances sont inexactes, puisque le nombre des morts excéderait de beaucoup celui des naissances, ce qui est anormal.

HOPITAUX.

L'hôpital San Andres fut fondé par un prêtre charitable, don Francisco Molina.

12 salles. — 557 lits. — 83 employés.

Il entre chaque année dans cet hôpital :

8,497 malades ;

Guérisons : 7,722 ; morts : 775.

L'hôpital de Santa Ana fut construit par les soins de Loaiza, premier archevêque de Lima.

12 salles. — 267 lits. — 70 employés.

Cet hôpital reçoit chaque année :

5,494 malades ;

Guérisons : 4,791 ; morts : 703 [1].

La *Casa de Maternidad* est destinée aux accouchements : elle reçoit par an 242 femmes, 80 blanches et 162 négresses et indiennes.

Naissances :

	Hommes.	Femmes.
A terme	119	96
Avant le terme	3	4
Avortement	12	8
	242	

dont 214 nés viables, 28 morts-nés.

L'hôpital Saint-Barthélemy était pour les nègres.

L'hospice des Incurables est en mauvais état.

Personnes estropiées et infirmes de la capitale :

Fous	210	Muets	36
Aveugles	60	Estropiés	172
Sourds	104	Bossus	23
		605	

---

[1]. Depuis quelques années, il y a des sœurs de charité françaises à Lima.

CHAPITRE III

Départ de Lima pour l'intérieur. — Iles Chincha. — Islay et Aréquipa.

Le 13 juillet 1858, je quittais, avec mon frère, Lima et ses plaisirs, et je commençais ce long voyage d'intérieur, plein d'émotions et de dangers, qui ne dura pas moins de six mois. Les brouillards obscurcissaient, depuis une quinzaine de jours, l'atmosphère de la côte, si limpide naguère; les montagnes et les collines s'étaient parées de leur manteau de verdure sous l'influence vivifiante de la rosée du ciel; la saison des pluies avait cessé à l'intérieur, et nul obstacle ne s'opposait désormais au départ. Les préparatifs terminés, munis de nombreuses lettres de recommandation, nous nous embarquâmes au Callao sur le steamer anglais *Bolivia* : nos amis nous accompagnèrent jusqu'à bord et nous souhaitèrent un bon et heureux voyage. Le soleil disparaissait à l'horizon quand nous sortîmes du port; la mer était houleuse, et la vague, qui semblait vouloir nous engloutir, venait battre avec furie la coque de notre navire.

Le lendemain matin, à notre réveil, nous nous trouvions en vue des îles Chincha, ces îles couvertes de guano, dont l'exploitation est une source de richesses incalculables pour le Pérou. Le guano est le produit de la fiente des pélicans, mouettes et autres oiseaux aquatiques, fort abondants dans ces parages. Ces îles sont au nombre de trois; une seule est actuellement en exploitation, c'est la plus grande et la plus septentrionale : des baraques en bois s'élèvent aux deux extrémités de l'île exploitée. Des bâtiments sont mouillés çà et là, attendant leur tour de chargement qui a lieu au moyen de grandes manches de toile.

Avant la conquête, le guano était utilisé par les Péruviens pour fertiliser les sables arides de la côte : des lois sévères avaient été promulguées par les Incas pour empêcher de troubler les oiseaux lors de la ponte, de sorte qu'une couche nouvelle de guano se substituait chaque année à celle qui avait été enlevée pour féconder les terrains stériles. Mais ces mesures si sages et cette prévoyance si réfléchie furent négligées par les conquérants, et les oiseaux émigrèrent bientôt, chassés par le bruit que faisaient les pêcheurs des environs.

Les immenses dépôts de guano qui se sont accumulés depuis des siècles sont exploités depuis 1840; la concession est passée des mains de M. Montané entre celles d'un négociant anglais, M. Gibbs; elle est actuellement au pouvoir de différentes maisons de commerce. Pour donner une idée de l'importance de cette exploitation, je dirai qu'au mois de juin 1858 vingt-quatre bâtiments, cubant ensemble 14,000 tonneaux environ, sont venus charger du guano.

Tous les travaux que l'on a tentés pour se rendre un compte exact de la quantité de ces matières fécondantes n'ont amené aucun résultat certain.

On rencontre du guano sur divers points du littoral, mais la qualité est inférieure à celui des îles Chincha, et les couches en sont bien moins épaisses.

Une heure après avoir laissé les îles Chincha, nous arrivions en rade de Pisco, renommé pour ses eaux-de-vie de canne. Il n'y a sur le rivage que quelques magasins en planches, la ville est située un peu plus loin, et du bord nous en apercevions les clochers dans un encadrement de verdure. Par exception, les abords de Pisco sont plus verdoyants que les environs des autres petites villes du littoral; de hauts palmiers à la tige élancée se balancent au gré des vents et produisent des dattes bonnes à manger. La Cordillère apparaît dans le lointain: la côte, après Pisco, redevient aride et escarpée, et l'œil cherche en vain à découvrir la moindre trace de végétation.

Le 15 juillet, nous jetons l'ancre devant le port de

Chala; une dizaine de misérables maisons s'élèvent sur la plage. On ne peut pas voir Chala de la mer, il est caché derrière des collines arides. La mer était si mauvaise qu'il fallut renoncer à débarquer : nous déposons le peu de voyageurs que nous avions pour Chala à bord d'un vieux ponton amarré en rade, et nous poursuivons notre route vers le sud.

Nous étions, le 16, à Islay : la petite baie qui lui sert de port est ouverte à tous les vents et offre un abri peu sûr aux navires. L'ancien port d'Aréquipa, Quilca, a dû être abandonné pour cause d'insalubrité. Le débarquement à Islay est très-difficile, surtout par une grosse mer : des colonnes en fonte supportent un plancher de bois formant un môle ; on avait accès à cette plateforme au moyen d'un escalier en fer, mais, cet escalier ayant été détruit, il faut monter par une échelle à force de bras, tandis que les marins tiennent leur embarcation à distance du roc contre lequel elle se briserait en un instant. Une pente rapide conduit ensuite à une place ornée d'une fontaine et du bâtiment de la douane; toutes les maisons sont en planches, et l'aridité des environs inspire la tristesse. On n'a pas même à Islay la ressource du sommeil; des légions d'insectes incommodes tourmentent le voyageur toute la nuit et l'empêchent de goûter le moindre repos.

Sur la gauche, il existe quelques anciens tombeaux : ce sont des trous ronds d'un mètre de diamètre, construits en pierres sèches et remplis de cendre ou de poussière. On m'a assuré qu'on avait extrait de ces cavités des ossements, mais rarement des cadavres complets ; d'autres personnes nient l'existence de momies en ces lieux et ont inutilement creusé le sol.

On compte une trentaine de lieues entre Islay et Aréquipa; le trajet se fait en vingt-quatre heures avec les mêmes chevaux, et en partie de nuit pour éviter la chaleur du jour. Le manque de fourrage et d'eau nécessite la rapidité du voyage ; chaque cheval ou chaque mule, à son retour d'Islay, est lâché dans les herbages des environs d'Aréquipa, et s'y engraisse jusqu'au mois suivant où il retourne à Islay pour l'arrivée du steamer anglais.

Pour se rendre d'Islay à Aréquipa, il faut traverser un désert de sable de douze lieues de large sur vingt-huit de long ; il est très-fréquent de se perdre dans ces dunes, et les guides les plus expérimentés ont erré parfois tout un jour avant de reconnaître leur route. De distance en distance on découvre des monticules de sable en demi-lunes que l'on nomme *medanos* dans le pays, et dont on attribue la formation au vent du sud qui souffle souvent dans ces parages. Des étrangers ont établi plusieurs *tambos* ou auberges dans ce désert, et font le commerce d'eau et de vivres qu'ils vendent aux voyageurs et aux muletiers.

Nous étions partis d'Islay sur les deux heures du

soir; le lendemain, vers les quatre heures, nous faisions notre entrée à Aréquipa. La vue de cette ville et de la verdure qui l'environne nous causa le plus vif plaisir, tant il est vrai que la privation d'une chose est souvent nécessaire pour nous la faire apprécier davantage. Trois lieues avant Aréquipa, le désert cesse pour faire place à la culture : on traverse une vallée aussi verdoyante que les dunes que l'on laisse derrière soi étaient tristes et désolées. On rencontre des arbres pour la première fois depuis les oliviers qui croissent près d'Islay : les cactus seuls peuvent vivre au milieu des plaines sablonneuses du désert; de gras pâturages et des champs cultivés s'étendent à droite et à gauche du chemin que nous suivions, et Aréquipa, cachée dans les anfractuosités des montagnes, se montre tout à coup à nos regards, dominée par le volcan *El Misti*. Les pueblos de Tiavaya, Alata, Tingo et Sachacra annoncent au voyageur qu'il touche au but; l'évêque d'Aréquipa possède à Sachacra une belle propriété rurale qui fut la résidence du maréchal San Roman pendant le dernier siége. C'est à Tingo que les habitantes d'Aréquipa vont, l'été, prendre des bains d'eau minérale : ce petit bourg est réuni à Aréquipa par une large voie qui sert de promenade publique.

Cette vallée doit sa richesse et sa prospérité au cours d'eau qui l'arrose et qui a donné son nom à la seconde ville de la République.

A la fin du xiiie siècle, Maita Capac, quatrième souverain du Pérou, fit peupler la vallée d'Aréquipa par trois mille familles tirées des provinces voisines. Son nom original, suivant l'opinion de certains auteurs, serait *Arequepay*, qui signifie : « Si vous êtes bien, restez ; » l'Inca donna en effet à quelques-uns de ses capitaines la permission de peupler cette vallée. Le père Blas Valera pense qu'Aréquipa veut dire : « Trompette sonore. »

Cette ville fut fondée en 1540 par le capitaine Pedro Ansures de Campo Redondo, sur l'ordre de Pizarre. Les tremblements de terre ont souvent dévasté cette cité et les villages d'alentour : elle a aussi beaucoup souffert de la dernière révolution. Vivanco, élu président dans le sud du Pérou, s'était retiré à Aréquipa, où il avait de nombreux partisans ; le maréchal Castilla, élu par le nord, vint l'assiéger, prit la ville d'assaut après un siége long et meurtrier, et obligea son rival à chercher un asile au Chili. On voyait encore, pendant notre séjour à Aréquipa, des traces de la récente guerre civile dans les faubourgs et dans la campagne.

La ville a été prise du côté du volcan : un couvent de femmes, où les assiégés avaient établi des batteries pour se défendre, reçut le nom de tour Malakoff en mémoire du retentissement lointain de la gloire de nos armes ; il est fâcheux que le couvent n'ait pas la moindre tour qui puisse justifier cette dénomination, mais on n'est pas si près regardant au Pérou. Les journaux de Lima portèrent jusqu'aux nues le vainqueur, et le comparèrent aux plus illustres capitaines des temps modernes et de l'antiquité : l'Europe sera heureuse d'apprendre l'existence de ce héros.

Aréquipa est bâtie en pierres : les maisons n'ont qu'un rez-de-chaussée pour la plupart et les pièces intérieures sont voûtées. Les rues, pavées en galets arrondis, se coupent à angles droits comme dans toute l'Amérique du sud ; un petit canal, placé au centre, permet à l'eau de circuler et entretient la propreté ; les trottoirs sont à moitié détruits depuis le siége. La grande place est ornée de galeries sur trois de ses faces : ces *portales* ou galeries sont occupées par les boutiques des commerçants. Sur le quatrième côté de la grande place s'élève la cathédrale qui est en pierre sculptée ; deux tours à colonnes décorent la façade trop basse pour sa largeur : on pourrait critiquer l'édifice sous le rapport de la pureté de l'architecture. L'intérieur se compose de trois nefs voûtées et chargées de sculptures. Cette église est vaste : c'est le monument le plus important construit dans l'Amérique espagnole depuis l'indépendance.

Après la cathédrale, les deux églises les plus remarquables sont la Compañia de Jésus et Santo-Domingo.

Un beau pont de pierre, à six arches, a été construit

sur le torrent l'Aréquipa et conduit à une promenade publique, située sur l'autre rive, d'où la vue plane sur la ville et sur les environs. Le volcan El Misti élève jusqu'au ciel son cône neigeux ; par un temps clair les marins aperçoivent ce géant de la pleine mer. On ne se souvient pas de l'avoir vu en éruption, et ce n'est qu'à de longs intervalles que la fumée s'échappe de son cratère. A droite du volcan, il y a une chaîne de hautes montagnes dont le sommet est couvert de neige et dont un des pics se nomme Pichopicho ; à gauche il existe une autre Cordillère.

La vallée d'Aréquipa est bien cultivée ; elle produit en abondance le blé, la luzerne, la pomme de terre et le maïs. Ce maïs est employé à faire de la *chicha,* boisson fermentée très-appréciée des indigènes.

Les vallées de Victor, de Magès et de Camana jouissent d'un climat qui permet la culture de la canne à sucre et exportent du sucre et des alcools.

Le commerce en gros, à Aréquipa, est entre les mains de quatre fortes maisons : une française, une allemande et deux anglaises. L'importation comprend tous les objets de première nécessité et les produits de l'industrie la plus raffinée ; l'exportation consiste en quinquinas et surtout en laine de mouton et d'alpaca ; le peu de laine de vigogne que l'on expédie ne constitue pas une branche de commerce. On ne vend, à Aréquipa, comme mérinos et comme châles, que des articles français qui sont bien supérieurs aux produits identiques des autres nations.

La maison française Braillard et Cie est établie à Aréquipa depuis de nombreuses années ; elle a toujours été la providence des étrangers qui sont venus dans cette ville, et l'hospitalité cordiale et généreuse que l'on y reçoit ne sort jamais de la mémoire de ceux qui ont connu cette excellente famille.

Signalons ici un fait assez curieux qui dénote bien le caractère des indigènes nonchalants, énervés par la chaleur du climat. Au Pérou, c'est l'acheteur qui est l'obligé du marchand ; et, quand on commande un habit ou un objet quelconque, on doit plaire au marchand et lui donner des arrhes pour l'engager à travailler, bienheureux quand on n'éprouve pas un refus ; car souvent il n'est pas disposé à travailler, l'ouvrage ne lui convient pas, il ne travaille qu'à ses heures et par amitié pour vous, par *aficion*. Aussi quand, après avoir reçu à l'avance le prix de sa marchandise, il livre de l'ouvrage mal fait, on est obligé de l'accepter malgré la mal-façon ; et, s'il tarde trop à faire la livraison, on n'a aucun moyen de le forcer à accomplir sa parole. Charmant pays ! en vérité : il y a d'excellentes lois, elles ne sont pas appliquées ; il y a des juges, mais le bon droit triomphe rarement ; l'étranger a presque toujours tort. Il faut se résigner : on apprécie mieux au retour le bonheur d'appartenir à un pays où la loi règne en souveraine et où la fraude est sévèrement punie.

Pendant neuf mois de l'année, Aréquipa jouit d'un ciel sans nuages ; durant les trois autres mois, il tombe parfois de fortes averses, mais elles sont de courte durée. Le principal caractère du climat est une extrême sécheresse ; les meubles les mieux joints se détériorent promptement.

Nous assistons aux fêtes de l'Indépendance : le préfet donne un grand dîner à cette occasion mémorable. Des saltimbanques firent des tours de force sur la grande place ; un mât de cocagne et un feu d'artifice complétèrent les réjouissances publiques qui attirèrent toute la population. De bruyantes clameurs nous apprirent que les Péruviens s'amusaient ; les fêtes de l'Indépendance ne ruinent cependant pas le Trésor public, et les autorités célèbrent à peu de frais l'anniversaire de glorieuses victoires.

CHAPITRE IV

Route d'Aréquipa au Cuzco. — Race quichua et Indiens indigènes du Pérou.

Le 1ᵉʳ août 1858, je sortis d'Aréquipa vers quatre heures du soir, accompagné de mon frère et d'un domestique, brave cholo des environs. J'étais équipé pour le genre de voyage que j'entreprenais, j'avais revêtu le costume des Péruviens qui vont franchir la Cordillère : un large *poncho* [1] me couvrait les épaules et retombait de chaque côté sur mes bras, un feutre gris abritait ma tête, de bonnes guêtres fourrées protégeaient mes jambes contre la rigueur du froid, tandis que mes longs éperons, caressant à intervalles égaux les flancs de ma mule, stimulaient son ardeur assoupie.

[1]. Le poncho est une pièce d'étoffe percée au centre d'une ouverture destinée à passer la tête. Ce vêtement remplace avantageusement le manteau pour monter à cheval : il est d'un usage fréquent dans les colonies espagnoles.

Le voyageur qui se dirige vers la ville du Cuzco doit emporter avec lui, à dos de mule, et sa garde-robe, et son lit, et des provisions de bouche. Celui qui aime ses aises se fait escorter d'un troupeau de bêtes de somme chargées de son bagage; l'une porte un matelas placé dans un grand sac de cuir, l'autre porte les malles renfermant les objets de toilette, une troisième ou plusieurs porteront les aliments destinés aux repas. Celui, au contraire, qui renonce à un lit moelleux pour se soustraire aux embarras qu'entraîne un semblable attirail, se contente de deux peaux de mouton qu'il étend sur le sol, et, la selle en guise d'oreiller, il cherche dans un sommeil réparateur à prendre des forces pour les fatigues du lendemain. Ce dernier système nous parut meilleur pour la célérité du trajet, et il fut décidé que nous nous résignerions à coucher sur la dure pour éviter les encombrements.

Il ne faut pas se faire illusion sur la vie de voyage au Pérou; c'est une existence pleine de fatigues et de privations : levé avant l'aurore, le voyageur est obligé, chaque jour, de parcourir dix ou douze lieues[1], et il ne descend de sa monture que quand il a atteint la hutte qui l'abritera la nuit. Cette hutte n'est ordinairement qu'un petit réduit bâti en terre et recouvert en paille, où il couche pêle-mêle avec les propriétaires et tous les

---

1. Je parle ici de lieues françaises : mon voyage est, en général, calculé en lieues espagnoles de 6 kilomètres environ.

animaux qu'elle contient, animaux qu'il serait impossible de compter. C'est à peine s'il peut fermer l'œil dans cette arche de Noé, et si, succombant à la fatigue, il s'endort après plusieurs heures d'insomnie, il est bientôt réveillé par les gémissements des jeunes enfants, par les aboiements des chiens ou par les cris aigus et répétés des cochons de lait qui pullulent dans ces demeures; mais, le plus souvent, les puces et d'autres insectes immondes troublent son repos et le harcellent tellement qu'il invoque en vain le sommeil. On respire dans ces cabanes un air vicié et surchargé d'émanations fétides.

Les brusques transitions du chaud au froid et du froid au chaud sont une terrible épreuve pour la santé, et les fortes constitutions elles-mêmes en ressentent les pernicieux effets. Le thermomètre, qui marque encore 15 degrés sous glace à cinq heures du matin dans la Cordillère, monte jusqu'à 20 et 25 degrés au-dessus de zéro quand le soleil a réchauffé l'atmosphère; la chaleur est même quelquefois intolérable dans certaines gorges de montagnes bien parées des vents.

Il est indispensable de se mettre en route de grand matin dans les Andes; dans ces déserts, où il n'y a de hutte habitée que toutes les dix ou douze lieues, il n'est pas possible de faire des étapes plus courtes; et, d'un autre côté, comme les vents qui soufflent avec violence dans ces parages s'élèvent vers les quatre heures, il est bon d'avoir gagné son gîte avant que la température se soit refroidie.

Le repas de chaque jour se composera invariablement d'un *chupé*, espèce de soupe où il entre des pommes de terre, de la viande salée et du piment, et vous serez très-heureux si les pommes de terre ne sont pas gelées. Les indigènes m'ont assuré que la gelée communiquait à ce légume une saveur exquise; je suis loin de partager le goût des Péruviens à ce sujet, et je ne vois aucune différence pour mon palais entre le *chuño*, ou pomme de terre gelée, et le bouchon; je serais lapidé si je professais au Pérou une pareille hérésie. Cette nourriture, peu succulente pour l'Européen accoutumé aux festins de nos grandes villes, est fort estimée des Indiens, et il faudra vous en contenter si vos caisses ne renferment pas de quoi suppléer à la frugalité de ces mets. Quant à la boisson, on a le choix entre l'eau pure et la *chicha*, liquide que l'on obtient avec du maïs fermenté et qui rappelle un peu la bière. Je recommande aux voyageurs de se munir d'eau-de-vie pour la route, afin de corriger par quelques gouttes de cette liqueur la crudité des eaux de la Cordillère et de se préserver ainsi de la dyssentérie. La sobriété est donc de toute nécessité dans ces expéditions : il ne faut reculer ni devant la fatigue ni devant les privations; aussi peu de voyageurs se hasardent-ils à traverser la chaîne des Andes, à moins qu'ils n'y soient contraints par les besoins du commerce.

Il est encore une autre souffrance, inconnue aux touristes du vieux monde, c'est le *soroché;* le voyageur qui gravit la Cordillère ressent des douleurs par tout le corps, il a mal aux reins, à la tête, il a les membres comme brisés, le sang lui jaillit même quelquefois par le nez, les yeux ou les oreilles. Ce malaise général est dû, non à la présence de l'antimoine, ainsi qu'on l'a répété sans raison, mais à la raréfaction de l'air et au manque de respiration. Le *soroché* a même causé la mort de quelques personnes plus impressionnables. Les mules aussi sont soumises à l'influence du *soroché,* et on cite beaucoup d'exemples de ces animaux morts des suites de la raréfaction de l'air.

On peut juger, par ce tableau, des difficultés sans nombre qu'on rencontre dans ces excursions périlleuses, et on ne les affronte que par amour pour la science ou pour des intérêts sérieux. Il est plus aisé et plus agréable de parcourir le beau pays d'Italie où l'on foule à chaque pas un sol fécond en souvenirs, et où chaque monument rappelle un grand homme ou un grand fait de l'histoire du monde.

A la sortie d'Aréquipa on se dirige vers le volcan El Misti, dont on admire la forme conique de la plus parfaite élégance; ses flancs, sillonnés de nombreuses anfractuosités, sont composés d'une cendre noirâtre; sa hauteur augmente à mesure qu'on se rapproche de ce colosse, et M. Weddell, qui en a accompli l'ascension, raconte en détail les obstacles qu'il a surmontés avant d'atteindre le sommet. Le pays qui environne le Misti est dépouillé de toute végétation et forme un contraste frappant avec les verdoyantes plaines de la vallée d'Aréquipa qui apparaissent encore dans le lointain; on contemple en silence ces solitudes dévastées par les convulsions des feux souterrains, et on considère avec effroi les profondes cicatrices du géant, comme si elles allaient se rouvrir et vomir une mer de feu pour vous engloutir. Le voyageur s'avance lentement, plongé dans ses réflexions; la désolation de ces lieux accroît la tristesse qui l'accable; il songe à sa patrie et à ceux qu'il aime; il cherche des consolations dans le passé; les dangers qu'il va affronter se présentent en foule à son esprit; la mort qui l'environne de toutes parts lui rappelle son néant et sa destinée future. Les cadavres des mules, qui jonchent le sol à droite et à gauche, indiquent seuls le passage d'êtres animés, et la route n'est tracée que par des squelettes d'animaux desséchés. De la hauteur, nous jetons un dernier coup d'œil sur cette civilisation que nous abandonnons et nous nous enfonçons dans le désert.

Notre première halte fut à Cangallo, à quatre lieues d'Aréquipa[1]; un tambo nous servit d'abri pour la nuit,

1. Il s'agit de lieues espagnoles de 6 kilomètres environ.

et nous dormîmes sur les peaux de mouton destinées à composer notre lit durant le voyage.

Le 2 août, nous cheminons tout le jour en tournant le volcan que nous devions avoir devant les yeux pendant plusieurs jours encore : le Pichopicho s'offre à nos regards dans toute sa beauté. La route traverse une plaine de sable, des roches volcaniques gisent çà et là éparses sur le sol, quelques *medanòs* en forme de croissant se présentent à gauche en contre-bas du chemin. Après huit lieues d'une route monotone parsemée de nombreux ossements de bêtes de somme, nous arrivons, par un froid assez vif, à la poste d'Apo, située à une hauteur supérieure à la cime du Mont-Blanc. Entre Cangallo et Apo, nous avions remarqué un endroit où les *arrieros* (muletiers) ont accumulé un monceau de squelettes : c'est le point appelé par les Péruviens *Alto de los Huesos*. Pentland, qui a mesuré son élévation, la fixe à 13,610 pieds anglais au-dessus du niveau de la mer. Nous étions habitués à cette atmosphère raréfiée, puisque nous avions déjà franchi la Cordillère du Cerro de Pasco et celle de Tarma; néanmoins nous avions la poitrine oppressée et nous souffrions de maux de tête violents.

Le 3 août, nous continuons notre route vers le Cuzco; à deux lieues d'Apo, on laisse à droite le chemin de Puno. Près de là nous prenons un petit lézard qui figure dans les collections du Muséum de

Paris. Il est curieux qu'à une telle altitude les sauriens, si amis de la chaleur, puissent subsister dans une température généralement si froide : le lézard d'ailleurs est une rareté dans ces climats glacés, c'est pour ce motif que je signale cette prise comme un fait peu commun. Le porphyre et le grès siliceux sont abondants dans cette contrée.

Il n'y a véritablement aucune route qui mérite ce nom dans tout le Pérou : ce sont des sentiers plus ou moins larges et plus ou moins frayés selon l'importance des localités qu'ils desservent. La main de l'homme n'est pas venue au secours de la nature, les voies de communication ont été ouvertes sans frais : ce sont les troupes de mules qui ont tracé les chemins, qui sont plus ou moins apparents en raison du passage rare ou fréquent des bêtes de somme.

La route emprunte ici le lit desséché d'un torrent dont les berges escarpées affectent la forme de petits cônes allongés. Plus loin le terrain est couvert d'une couche superficielle de salpêtre.

Des vigognes s'enfuient à notre aspect; elles sont généralement en nombre impair : le mâle veille à la sûreté des femelles et se tient à quelque distance en arrière, la tête haute et l'oreille au guet. C'est un bel animal : sa démarche est fière et gracieuse, ses yeux largement ouverts sont pleins d'intelligence et de douceur, sa toison fauve est soyeuse et très-appréciée dans le commerce. La vigogne est d'une agilité incroyable; le voyageur s'arrête involontairement pour suivre de l'œil le troupeau effrayé qui s'élance à travers les précipices et gravit sans peine les pentes les plus rapides. Cet animal a besoin de l'air glacial des Andes et s'accoutume difficilement à la captivité.

Nous atteignons Huallata vers les deux heures, nous nous logeons dans un tambo abandonné. A six heures, le thermomètre était descendu à 3 degrés au-dessous de zéro, et le petit cours d'eau voisin était gelé; le lendemain, avant de nous remettre en selle, nous constatons que la colonne de mercure marquait 13 degrés sous glace.

La journée du 4 fut de huit lieues : nous eûmes à traverser des *pampas*[1] sans fin avec un horizon de montagnes monotones. Les lamas, les alpacas et les moutons paissent tranquillement dans ces vastes pâturages; la frêle et courte graminée, qui seule croît à cette élévation, suffit à leur sobriété. Quelques vigognes se mêlent à ces troupeaux domestiques. Le lama et l'alpaca fournissent une laine que l'on exporte en Europe; le lama est en outre employé au transport de légers fardeaux. Dans la Cordillère, la tonte se fait avec des couteaux : moyen barbare qui n'aboutit qu'à un résultat imparfait.

1. Plaines.

Le mouton, le lama, l'alpaca et même la vigogne suffiraient seuls pour enrichir le Pérou et la Bolivie, si une stupide insouciance et une imprévoyance sans pareille ne mettaient obstacle à leur propagation. Il serait facile d'élever sur les vastes plateaux des Andes un nombre de ces bêtes à laine bien supérieur à celui actuellement existant. C'est au génie et à l'activité de l'homme qu'il appartient de tirer profit des parties même que la nature semble avoir destinées à rester improductives, et de découvrir, pour faciliter les transports, de nouveaux moyens de communication, soit par l'ouverture de bonnes routes, soit par la navigation des fleuves du centre de ces contrées. Mais au lieu de suivre ces voies d'amélioration, que se passe-t-il lors de l'invasion des Espagnols et depuis cette époque? Les troupeaux en question, fort nombreux sous le règne des Incas, sont en partie détruits, et ce qui en reste ne cesse de décroître. Prescott rapporte, dans son estimable ouvrage, qu'après la conquête du Pérou par Pizarre, on tuait par milliers les lamas et les alpacas pour le seul plaisir d'en avoir la cervelle, mets recherché des Espagnols. La rage de la destruction était telle alors, qu'en quatre années il périt plus de ces animaux que durant quatre siècles sous la domination des successeurs de Manco Capac. Ces innombrables troupeaux étaient tellement diminués, que, pour empêcher leur complète destruction, il fallut reléguer ceux qui survivaient sur les pics les plus élevés des Andes. Lorsqu'en 1780 l'étendard des Incas fut levé par Tupac Amaru, cacique descendant d'Atahualpa, et lorsqu'après avoir massacré 6,000 Espagnols il fut vaincu et écartelé sur la place du Cuzco avec sa femme et ses enfants, des représailles sans nombre furent exercées par le vainqueur, non-seulement sur les Indiens, mais aussi sur les troupeaux de lamas et d'alpacas qui furent presque anéantis pour enlever aux indigènes les moyens de subsistance.

Grâce aux efforts généreux de la Société impériale d'acclimatation, les lamas, alpacas et vigognes sont sur le point de trouver l'hospitalité dans des pays plus humains qui sauront mieux apprécier leur valeur et en tirer un parti plus avantageux. L'Australie par les soins de M. Ledger, et la France par ceux de M. Roehn, sont déjà en possession de cette précieuse conquête.

A trois lieues d'Huallata, au milieu de la pampa, s'élève un petit cerro formé de roches bizarres dont les cavités sont habitées par des *biscachas*, rongeurs de la grosseur d'un lapin et à queue en pinceau comme l'écurcuil : la chair de cet animal est excellente. De là on découvre encore le sommet neigeux du Pichopicho et le Misti, dont la masse imposante domine les pics les plus hauts de cette partie de la Cordillère. Vers les quatre heures du soir, nous atteignons la poste de Colca; notre repas fut frugal et peu succulent : le chupé de pommes de terre gelées nous parut détestable malgré la faim qui nous dévorait.

Le 5, nous nous remettons en marche par un temps couvert et froid ; le vent fait voler la poussière qui nous incommode beaucoup. Le pays offre le même aspect que la veille : c'est une pampa à perte de vue. En face de la maison de poste de Frayles, on aperçoit sur la droite des rochers taillés par la nature dans le style gothique, à moitié enterrés dans le sable. Pendant tout le chemin on côtoie de petits mamelons de sable recouverts d'un maigre gazon d'où sortent de nombreux quartiers de roc. Deux lieues environ avant Rumihuasi on s'engage dans une *quebrada*[1] resserrée, et au delà s'étend un lac sur lequel nagent des canards au plumage noir ; devant nous se présente majestueusement la Cordillère couronnée de neige ; le site est pittoresque et d'une beauté sévère : c'est le col du Rio Negro. L'interminable pampa reprend aussitôt : Rumihuasi est un misérable tambo où nous restons la nuit. Sur les sept heures du soir, il tombe un peu de neige.

Le 6 août, nous partons de Rumihuasi par un froid très-intense : la pampa disparaît bientôt, et nous longeons un torrent très-encaissé jusqu'à une hauteur d'où l'on découvre dans un fond une quebrada flanquée de rochers qui affectent la forme de tours et de for-

---

1. Gorge de montagne ; vallée très-étroite resserrée entre deux montagnes.

teresses. Nous descendons dans cette vallée par une pente assez roide; au delà, la quebrada s'élargit et elle est bordée de mamelons tapissés d'une longue herbe dont la verdure réjouit la vue. Nous laissons à droite le pauvre tambo de la Rinconada, et, après une courte montée, nous entrons dans une plaine que nous traversons pendant trois lieues. Nous arrivons enfin à Ocoruro, misérable village de quelques maisons : c'était le premier pueblo que nous rencontrions depuis notre départ d'Aréquipa. Les nuages avaient obscurci le ciel toute la journée, et la température s'était constamment maintenue au-dessous de glace.

Le 7, nous parcourons au trot la pampa qui se déploie devant nous et nous passons plusieurs fois à gué le Rio Salado qui fait, en cet endroit, de nombreux contours. Il y a neuf lieues d'Ocoruro à la poste de Torca; nous remarquons sur le chemin quelques cultures de pommes de terre. Un orage nous menace et le tonnerre gronde à notre droite : un vent violent s'élève et nous incommode pendant longtemps. Nous allons reposer six lieues plus loin à Lauyarani. Avant de descendre au tambo, on plane de la hauteur sur la plaine environnante parsemée de monticules verdoyants.

Le 8, nous poursuivons notre voyage : après trois lieues, nous pénétrons dans une quebrada dont l'entrée fort étroite est défendue par deux roches énormes qui laissent à peine un passage suffisant. Le chemin devient montueux, et nous gravissons péniblement le flanc de plusieurs cerros qui se succèdent; arrivés au sommet, nous fûmes dédommagés par une vue magnifique de la lenteur et de la difficulté du trajet. Le tambo de Langui est à nos pieds, la Cordillère se développe à nos yeux sur une grande étendue : les mamelons verdoyants qui forment sa base se terminent par une longue crête de rochers d'où s'élancent des pics couverts de neige; nous voyons ces cimes aiguës se refléter dans l'onde de la belle lagune de Langui comme sur le cristal le plus pur. Le soleil, qui brillait dans un ciel sans nuages, ajoutait à la majesté du paysage; la décoration changeait, sans être moins pittoresque, à mesure que l'astre du jour emportait avec lui les riches nuances dont il colorait la blancheur de la neige, et, après que la nuit eut couvert de son voile ce spectacle imposant, la clarté pâle et vacillante de la lune reproduisit ce tableau sous un aspect plus saisissant encore.

Le 9, la route fut monotone. Yanaoca et Pampamarca sont deux villages assez peuplés, mais sans intérêt. Après Pampamarca on côtoie, pendant une demi-lieue, la lagune de Tungasuca, située dans une enceinte de montagnes, derrière lesquelles est caché le pueblo de Tungasuca, célèbre par la foire importante qui s'y tient chaque année au mois de septembre. A l'extrémité de cette lagune, nous franchissons le Desague d'Acomaio sur un pont de pierre près duquel il y a un groupe de maisons. Un cerro nous sépare d'une vallée entourée de hautes montagnes et baignée par une lagune sans issue connue : on la désigne sous le nom de lagune Jedeonda. N'oublions pas de mentionner ici la présence de quelques arbustes ; nous étions heureux de revoir quelque peu de cette végétation dont nous étions privés depuis Aréquipa ; nous sentions d'autant mieux ce bonheur que ces arbustes annonçaient la fin de la puna et faisaient espérer une région plus tempérée. Acopia, construit près du lac du même nom, est un gros bourg fort malpropre.

La route est fréquentée par des troupes de lamas employés au transport; ils ont un petit ornement de laine rouge à l'extrémité de chaque oreille. J'ai lu jadis, dans un ouvrage sur le Pérou, que les conducteurs indiens se mettaient à genoux devant le lama qui se couchait en chemin, et s'efforçaient, par des caresses et des prières, de lui persuader de continuer sa route ; aussi quel n'a pas été mon étonnement en voyant les Indiens employer un procédé bien différent pour faire relever leurs animaux et les y contraindre à grands coups de bâton. Il faut la patience de l'Indien pour conduire un de ces troupeaux : le lama ne peut guère faire plus de trois à quatre lieues par jour avec son fardeau, et il n'avance qu'au petit pas, broutant à droite et à gauche pendant tout le trajet.

Le 10, le thermomètre ne dépasse pas zéro à six heures du matin. A la lagune de Pumacanchi succède une suite de quebradas plus ou moins larges, arrosées par le rio Urubamba. Je ne citerai que les villages de Yauca et de Quiquijana; ce dernier pueblo surtout est dans une situation agréable, et il y règne une grande propreté; un beau pont en pierre est jeté sur l'Urubamba et réunit les deux rives. Urcos, où nous couchons, est un misérable bourg sans ressources. Nous avions souffert tout le jour de la chaleur qui avait atteint 28 degrés. Les montagnes, qui encadrent les vallées que l'on parcourt, ont toutes le même aspect : on désirerait un peu plus de variété.

Le 11, nous laissons derrière nous la lagune d'Urcos; c'est dans cette lagune que les Incas jetèrent, dit-on, la fameuse chaîne d'or de la grande place du Cuzco; des recherches ardentes pour s'emparer de ce trésor n'amenèrent aucun résultat. Près d'Oropesa, on nous montre une porte du temps des Incas qui n'a rien de remarquable. En s'avançant de quelques mètres seulement, on domine la lagune de Lucre et une vallée marécageuse que l'on traverse en partie sur une chaussée en pierre; on pénètre ensuite dans une autre quebrada où s'élève Oropesa au milieu de marécages. La culture reparaît depuis Quiquijana, et les champs sont plantés en maïs et en blé. La vallée s'élargit, on passe plusieurs fois le Huatanay, et les pueblos de San Jeronimo et de San Sebastian nous annoncent l'approche du Cuzco. Enfin la ville du Soleil se montre dans le lointain : nous pressons le pas de nos mules; tout entiers à nos pensées, nous oublions tout le reste pour ne songer qu'aux souvenirs qui se dressent devant nos yeux; nous sommes arrivés dans la capitale de ce puissant empire dont la civilisation avancée et les richesses prodigieuses frappèrent d'admiration le monde civilisé lors de la conquête de Pizarre.

Je donne ci-après l'itinéraire d'Aréquipa au Cuzco; les distances d'un point à un autre y sont indiquées en lieues espagnoles, lieues dont la dimension est de 6,666 varas, qui correspondent environ à 6 kilomètres :

Aréquipa à Apo................	12 lieues.
Apo à Huallata................	6 —
Huallata à Colca...............	8 —
Colca à Frayles................	6 —
Frayles à Rumihuasi...........	4 —
Rumihuasi à la Rinconada.......	6 —
La Rinconada à Ocoruro........	3 —
Ocoruro à Torca...............	9 —
Torca à Lauyarani..............	6 —
Lauyarani à Langui.............	6 —
Langui à Yanaoca..............	6 —
Yanaoca à Acopia..............	5 —
Acopia à Quiquijana...........	6 —
Quiquijana à Urcos............	4 —
Urcos à Oropesa...............	4 —
Oropesa au Cuzco..............	4 —

Je ne crois pas inutile de parler ici de l'Indien descendant de la race quichua qui était soumise aux Incas lors de l'invasion des Espagnols, et qui habite l'intérieur du Pérou et principalement la Cordillère.

L'Indien ne voit que le présent, il ne songe pas au lendemain; il se contente de peu, et, n'ayant ni besoins ni désirs, il ne connaît pas les privations. Il se construit presque sans frais une hutte en terre pour lui et sa famille; il couche tout habillé sur des peaux de mouton étendues sur le sol; il sème à la hâte quelques pommes de terre pour sa nourriture, il n'emploie aucun engrais, il cultive à peine son champ, et néanmoins sa récolte est abondante; il possède quelques lamas ou quelques moutons qu'il laisse paître en liberté autour de sa demeure, et un de ces animaux salé est mis en réserve pour la provision de l'année. Sa femme tisse les vêtements grossiers qui protégent toute la famille contre les intempéries de la saison rigoureuse, et la toison de son troupeau fournit la matière première du tissage. L'Indien vit, en un mot, sans souci du présent et sans inquiétude pour l'avenir; il n'y a pour lui d'existence possible que la sienne; le séjour des villes policées lui serait mortel; il aime l'espace et sa vie mesquine et retirée; il faut à ses poumons l'air vif de ses montagnes; les frimas de la Cordillère sont indispensables à sa santé; il est conformé pour habiter le climat glacé des Andes. Le luxe de l'Europe et les fastueux édifices de nos cités l'éblouiraient peut-être un instant sans le séduire : il croirait à un rêve, à une hallucination passagère, mais il redemanderait bientôt à revoir la terre de ses aïeux. Les jouissances intellectuelles lui sont inconnues. Son chupé et sa chicha composent son modeste et frugal repas; mais nos mets les plus exquis, nos tables les mieux servies, nos plus somptueux festins ne lui feraient pas envie. Les pommes de terre et la viande salée qui entrent dans son chupé, le maïs fermenté qui sert à sa boisson lui paraîtront toujours préférables à nos raffinements de l'art culinaire et aux inventions gastronomiques les plus appréciées des gourmets. Toutes ses passions se réduisent à un amour immodéré de ses boissons fermentées, et sa chicha vaut pour lui nos vins les plus fins et les plus estimés.

Il consomme une grande quantité de *coca*, feuille d'un arbuste qui croît dans le climat des tropiques et qu'il mâche avec un peu de chaux vive, comme le bétel dans l'Inde. Cette plante a la vertu de tromper la faim, et l'Indien ne part jamais pour un voyage sans avoir son sac rempli de coca.

Le costume des Indiens consiste en une culotte courte, une veste longue et un poncho; leurs mollets sont nus, et ils ont aux pieds des sandales qu'ils retirent souvent par économie. Une fronde est enroulée autour de leur corps; ils savent manier cette arme avec la plus grande dextérité. Leurs cheveux se terminent en queue tressée; leur chapeau ou *montera* est un feutre noir à larges bords et à calotte arrondie. Les femmes ont une robe en laine commune de couleur foncée; le corsage est ouvert sur le devant, et la jupe laisse à découvert le bas de la jambe; un morceau d'étoffe carré couvre leurs épaules et tombe jusqu'à la chute des reins, et il est retenu au-dessus du sein par le *topo*, longue aiguille de métal, qui est quelquefois en argent. Leurs cheveux sont nattés, et elles portent sur la tête, soit la montera, soit la mante.

Les hommes se servent aussi du poncho pour transporter des fardeaux sur leurs épaules, et les femmes utilisent leurs mantes pour porter leurs enfants en bas âge : à cet effet, la mère place sur son dos la jeune créature enveloppée dans sa mante, dont elle noue les deux extrémités sur la poitrine; elle a ainsi l'avantage d'avoir les mains libres.

Ces Indiens ont le teint basané et peu de barbe au menton; leurs bras sont faibles, toute leur force est dans le dos; ils transportent presque sans fatigue de lourds fardeaux à de longues distances.

La laideur et la malpropreté sont deux signes caractéristiques de la race quichua : ces indigènes sont rongés par la vermine et ils mangent avec avidité les insectes immondes et repoussants qui pullulent sur leur corps et dans leur chevelure.

Ils se distinguent spécialement par une ténacité invincible à leurs anciens usages : vous retrouvez dans leurs habitations modernes le style des habitations de leurs pères, et les Indiennes ont toujours cousue à leur jupe une pièce d'étoffe sombre en signe du deuil de leur dernier Inca. Il est encore d'usage aujourd'hui, comme cela se pratiquait avant la conquête, que le messager indien reçoive, avant de partir, de son curé, de l'alcade ou de celui qui l'envoie un certain nombre de coups de bâton, ne serait-ce que fictivement; et ce châtiment, il le sollicite lui-même pour ne pas perdre de temps en route à s'amuser ou à se reposer. J'ai été témoin de ce fait à Paucartambo.

La faible intelligence du Quichua, son esprit borné oppose une force d'inertie indomptable et sans exemple à tous les bienfaits de la civilisation. Il reconnaît la supériorité de la race des conquérants, et il obéira sans résistance, pourvu qu'il soit de sang-froid. Il tiendra tête au blanc, étant ivre; à jeun, il fuira lâchement devant lui, et ce dernier commandera en maître à un village entier.

Sous le rapport de la religion, je ne crains pas d'affirmer que, catholiques de nom et en apparence, les Indiens ont, pour la plupart, conservé leurs pratiques religieuses du temps des Incas. Ils adorent le soleil et les cerros qu'ils connaissent chacun par leur nom, ils les invoquent comme des dieux, brûlent en leur honneur de la graisse de lama, et, selon la direction de la fumée, ils augurent qu'ils seront heureux ou malheureux : ainsi c'est le vent qui décide de leur destinée. La graisse de lama dont ils usent pour ces sacrifices, c'est l'*unto*, le suif le plus rapproché de la peau de l'animal. Ils font également des libations de chicha pour honorer les cerros ; avant de boire la chicha, ils y trempent l'extrémité des doigts et secouent dans la direction du cerro les quelques gouttes qui s'y sont fixées ; ils regardent ces gouttes comme bénies. Le cerro Cencca, situé près du Cuzco derrière le Rodadero, est l'objet principal de leur culte.

Les vendeuses de coca du Cuzco aspergent d'eau-de-vie ou de chicha, avec le bout des doigts, la marchandise qu'elles veulent vendre promptement, pensant en faciliter ainsi l'écoulement.

Les Indiens, en arrivant sur la hauteur d'où l'on commence à découvrir le Cuzco quand on s'y rend ou à le perdre de vue quand on en vient, rejettent la coca qu'ils ont dans la bouche et saluent avec respect la ville sainte.

CHAPITRE V

Le Cuzco. — Considérations sur l'origine de la civilisation incasique.

Le Cuzco est la ville la plus ancienne du Pérou ; elle fut fondée, au xiie siècle, par Manco Capac qui y établit le siége de son empire ; ses premiers habitants furent les Indiens qui se soumirent volontairement à ses lois et abandonnèrent leurs forêts, captivés par la parole du couple divin que le Soleil avait envoyé aux peuplades sauvages de ces contrées avec la mission de leur enseigner les arts de la civilisation. Manco Capac la divisa en deux quartiers qu'il appela Hanam Cozco et Hurin Cozco, ce qui signifie ville haute et ville basse du Cuzco. Quelques humbles cabanes formèrent d'abord l'ensemble de cette ville ; mais elle prit un développement rapide, et le nombre de ses habitants croissait chaque année avec les conquêtes des Incas qui l'avaient choisie pour capitale et y avaient fixé leur résidence.

Aussi, quand les Espagnols s'en emparèrent sous la conduite de Pizarre, ils ne se lassaient pas d'admirer la vaste étendue de son enceinte, la magnificence de ses temples, la majesté de ses palais et la grandeur de ses édifices publics.

Le Cuzco est situé dans une vallée, au sud du cerro de Sacsahuaman : le rio Huatanay, qui traverse la ville, sépare la partie occidentale de la partie orientale, où étaient bâtis les palais des Incas et les édifices les plus somptueux.

Le tremblement de terre de 1590 et la vétusté ont détruit ou dégradé la plupart de ses antiques monuments, et plusieurs épidémies ont décimé sa population qui ne dépasse pas aujourd'hui 25,000 âmes.

Cuzco possède trois places ; la place principale est vaste et régulière : la cathédrale et l'église de la Compagnie de Jésus occupent en partie deux des côtés, les deux autres sont disposés en galeries affectées au commerce. Il s'y tient chaque semaine un marché public, où l'étranger étudie à loisir les productions agricoles du pays et les types des gens de la campagne.

L'hôtel de la préfecture est sur la place du Cabildo : quant à la place de San-Francisco, elle n'offre aucun intérêt.

Les maisons sont généralement construites avec les débris des anciens édifices et souvent sur les ruines mêmes de ces édifices : beaucoup sont blanchies à la chaux ou peintes à la détrempe; elles n'ont qu'un étage et sont couvertes en tuiles rougeâtres. Les rues sont étroites et mal pavées.

La cathédrale, dont la façade est décorée de deux tours et d'un fronton à colonnes, a été édifiée sur les fondations du palais de l'Inca Viracocha; commencée en 1572, elle a été achevée en 1654. L'intérieur comprend trois nefs principales et deux autres nefs occupées par des chapelles latérales et fermées par des grilles en bois doré. Le maître-autel, placé dans la nef centrale, est en argent massif ainsi que tous les ornements qui le surmontent; les sculptures du chœur, qui est au centre de l'église, méritent d'attirer l'attention. L'image vénérée de Notre-Seigneur de Los Temblores se trouve dans une chapelle latérale de droite : les Indiens y font de fréquents pèlerinages et la conjurent dans leurs prières de les préserver des tremblements de terre.

La petite chapelle du Triomphe est contiguë à la cathédrale : elle fut érigée sur l'emplacement où les Espagnols s'étaient retranchés pour repousser les attaques d'Inga Manco; plusieurs fois les ennemis mirent le feu à la ville, mais la flamme n'atteignit jamais la maison où ils s'étaient réfugiés. Ils attribuèrent ce miracle à la protection de la Sainte Vierge, et cette chapelle fut le gage de leur reconnaissance.

Le jour de l'Assomption, la petite église del Triunfo

reçoit un nombreux concours de fidèles qui se rendent aux offices divins. De chaque côté de la porte d'entrée sont établies des tentes où se vend de la chicha. La façade est ornée de trophées d'étoffe, de tableaux et de miroirs, et l'intérieur est décoré de tentures : des rubans de mille couleurs se croisent en tout sens, tenant suspendus des piastres et d'autres objets en argent. L'autel disparaît sous une masse de fleurs artificielles et de statuettes habillées. Pendant toute la cérémonie, on entend au dehors de fréquentes détonations de fusées et de pièces d'artifice, accompagnement obligé de toute fête religieuse au Pérou. Partout, dans cette contrée, on observe un mélange inouï de foi et de superstition ; et une licence de mœurs incroyable s'allie à la dévotion la plus outrée.

L'église des Jésuites peut être citée pour l'élégance de sa façade et de ses sculptures.

Le cimetière ou panthéon est composé de plusieurs cours carrées, entourées de niches destinées à la sépulture ; il ressemble à tous les cimetières espagnols. Quand un enfant meurt, sa famille fête l'entrée d'un ange dans le ciel : on pare le défunt de ses vêtements les plus beaux, on le couronne de fleurs, on place le corps au milieu de la chambre, et les parents et amis de la maison célèbrent cet heureux jour par des libations de chicha et d'eau-de-vie.

Le général Médina avait doté le Cuzco d'une promenade publique; mais elle n'a pas été entretenue depuis que Médina a cessé ses fonctions de préfet.

La bibliothèque et le musée public sont peu intéressants : la plupart des pièces rares ont été l'objet de spéculations privées. Mais aucun voyageur ne va au Cuzco sans visiter les curieuses collections de madame Mariana Centeno, excellente et digne femme, qui accueille les étrangers avec bonté et leur fait avec plaisir les honneurs de son musée d'antiquités péruviennes.

Parmi les édifices que le temps et les Espagnols ont, en partie, respectés, on peut citer le temple du Soleil, le palais de Manco Capac, la forteresse, le monastère des Vierges du Soleil, le palais de la rue del Triunfo et divers pans de murailles plus ou moins dégradés.

Le couvent de Santo Domingo occupe dans la partie sud de la ville, au quartier de Coricancha (quartier d'or), l'emplacement du temple du Soleil : l'église actuelle n'a rien de remarquable, et la seule tour de la façade manque d'élévation.

Tout l'intérêt se porte sur les murs qui servent de base aux constructions modernes : c'est une muraille demi-circulaire, donnant sur le jardin des moines; elle a plusieurs mètres de hauteur et se termine par une corniche : les colonnettes torses et tout ce qui surmonte cette corniche sont d'une époque plus récente. Il reste encore dans une ruelle contiguë à l'église de Santo Domingo une autre muraille formée de douze assises de pierres parallèles; extérieurement, ces pierres, qui sont un trachyte porphyroïde gris foncé, présentent des bosses et des aspérités et sont grossièrement taillées, mais le travail des autres faces est tellement parfait et la connexion entre les diverses assises est tellement intime qu'il est impossible d'y introduire la pointe d'un couteau. Cette muraille fait partie des bâtiments du couvent. Ce sont là les seules ruines encore debout de ce fameux temple du Soleil, dont l'opulence surpassait, dit-on, la magnificence de tous les temples de l'univers et dont les historiens nous ont conservé dans leurs écrits les brillantes descriptions[1].

Près de l'église de San Cristoval, au-dessous du fort en ruines qui couronne le cerro de Sacsahuaman, on voit encore, sur une plate-forme dominant la ville du Cuzco, les restes du palais de Manco Capac. En arrivant sur la place de San Cristoval, on aperçoit une terrasse sur laquelle s'élève une muraille de neuf à dix pieds de haut, formée de pierres s'enchevêtrant les unes dans les autres comme une mosaïque; dans ce mur il existe six niches ou guérites et une porte donnant accès à l'enceinte où le premier Inca avait bâti son palais. La partie supérieure de ces guérites et de la porte est plus étroite que la partie inférieure, comme on l'a observé dans toutes les constructions incasiques. Ces guérites regardent le Cuzco; on en ignore l'usage, quoiqu'on

1. Voir Sarmiento et Prescott.

puisse supposer qu'elles étaient destinées aux gardiens qui veillaient au salut du monarque. Quand on pénètre dans l'enceinte dont nous venons de parler, on découvre çà et là des vestiges de murs transversaux, construits sur cinq terrasses superposées; une de ces murailles, qui est la mieux conservée, a douze mètres de long et est percée d'une porte et d'une fenêtre : la porte a pour seuil une pierre de plus de deux mètres de longueur; huit assises de pierres d'un pied chacune en forment la hauteur, le couronnement est d'un seul bloc. La fenêtre a un mètre de haut sur un demi-mètre de large. L'épaisseur du mur est de quatre pieds : on compte onze assises parallèles.

Il est reconnu aujourd'hui que les Incas employaient le ciment dans leurs constructions; des études plus approfondies ont dissipé les doutes qui avaient été émis à ce sujet.

Les successeurs de Manco Capac avaient fortifié le cerro de Sacsahuaman pour se défendre contre les invasions des ennemis, et les ruines de cette forteresse célèbre sont le monument le plus complet et le plus imposant qui nous reste de la puissance des Incas; du côté de la ville, les fortifications et les ouvrages d'art sont peu importants, mais sur le côté opposé regardant le Rodadero se dressent les blocs immenses de calcaire grisâtre qui forment trois enceintes de remparts superposées en terrasses. Les matériaux de la première enceinte sont d'une dimension telle que l'on est étonné que les Indiens, sans connaître les moyens de locomotion que nous devons à la vapeur et aux progrès de la mécanique, soient parvenus à transporter de pareilles masses à de longues distances. Plusieurs de ces blocs que j'ai mesurés avec soin cubent trois mètres et même davantage. Ces enceintes ont chacune vingt-deux angles saillants et autant d'angles rentrants : l'enceinte inférieure est moins détériorée que les deux autres. Ici, comme dans tous les édifices de cette nation, les pierres sont très-irrégulières sous le rapport du volume, mais elles s'enchâssent parfaitement les unes dans les autres, et entre deux assises on chercherait vainement à faire pénétrer la pointe d'une aiguille. Les conquérants, n'attachant aucun intérêt à ces antiquités, les ont laissées se dégrader et les ont même détruites en partie pour se procurer des matériaux : acte de vandalisme déplorable de la part d'une nation civilisée ! La postérité n'absoudra jamais les auteurs de cet outrage fait aux arts.

On s'est souvent demandé comment les Indiens taillaient les roches qu'ils employaient dans leurs constructions avec cette rare perfection qu'ont admirée tous ceux qui ont visité les monuments du Cuzco. Il est incontestable que l'usage du fer et de l'acier leur était inconnu[1] ; les seuls outils qui nous soient parvenus de

---

1. Ondegardo; Herrera; Garcilasso de la Vega.

cette nation ou qui aient été retirés des tombeaux sont en *champi*, alliage de cuivre et d'étain ou de cuivre et de silice, incapable de résister à la dureté du calcaire et du porphyre. Aucune solution satisfaisante n'est encore venue éclairer la question et résoudre le problème, malgré les recherches les plus minutieuses. On a prétendu que les Incas connaissaient une herbe qui avait la vertu de ramollir le roc le plus dur et offrait ainsi toute facilité pour la taille : cette opinion ne soutient pas la discussion, et Garcilasso de la Vega, descendant des anciens souverains du Pérou, ne fait pas mention de cette herbe si précieuse, bien qu'il ait cherché dans son histoire à exalter outre mesure la gloire de ses aïeux, souvent même aux dépens de la vérité, et à cacher leurs moindres actions sous le voile du merveilleux.

Les Indiens avaient-ils des outils qui ont été perdus? Avaient-ils des moyens spéciaux de retremper leurs instruments de champi émoussés par la dureté du calcaire qu'ils travaillaient? Se servaient-ils de matières minérales ou végétales qui facilitaient la taille par le frottement? La première de ces conjectures semble inadmissible, et l'inspection des pierres ne paraît pas favorable à l'avis de ceux qui pensent que cette union intime entre les diverses assises était obtenue par le frottement; les surfaces planes n'ont pas le genre de poli qui résulte du frottement d'un corps contre un autre : l'aspect extérieur annonce bien plutôt l'emploi d'instruments aigus. Il y a d'ailleurs dans la taille de certains blocs des courbes incompatibles avec la méthode ci-dessus indiquée.

Ce qui est certain, c'est que l'Indien est doué d'une patience à toute épreuve; il travaille lentement, sans se rebuter jamais de la difficulté qu'il rencontre, ni de la durée de l'œuvre qu'il a commencée. J'ai vu, à la Paz, un ouvrier bolivien qui, travaillant chaque jour, n'avait pas consacré moins d'une année à sculpter un seul chapiteau de la cathédrale[1].

En présence d'un tel exemple, dont je garantis l'authenticité et qui donne une idée exacte du caractère de cette nation, on s'explique mieux des faits qui semblaient d'abord incompréhensibles. Il n'est pas inutile de se rappeler également que le gouvernement des Incas était basé sur le travail constant et forcé de la basse classe, et des ouvrages dont la destination est problématique ne paraissent pas avoir eu d'autre but que d'occuper la population. Les tributs que chaque citoyen imposé devait à l'État se traduisaient en prestations en nature; chaque Indien devait cultiver les champs appartenant soit à la divinité protectrice, soit au monarque; en outre, les travaux publics exigeaient, chaque année, un nombre considérable de bras. La quantité d'Indiens

---

1. Garcilasso et Sarmiento rapportent que 20,000 Indiens furent employés pendant 50 ans à la construction de la forteresse du Cuzco.

employés à ces travaux publics explique l'édification des monuments gigantesques qui attestent l'existence de la civilisation péruvienne; la patience a triomphé de la dureté de la matière et la nature a cédé devant la puissance du nombre.

La colline du Rodadero est au nord de la forteresse; les roches qui la composent, ainsi que toutes celles éparses aux alentours, sont taillées en forme de siéges et de gradins. Les renseignements, recueillis sur les lieux, ne m'ont rien appris de satisfaisant sur l'utilité de ces gradins : les uns pensent que c'était une carrière où les blocs étaient taillés sur place, d'autres croient que les jeunes Incas venaient s'y livrer à des exercices gymnastiques. Sur le côté de la colline opposé à la forteresse, il y a un rocher incliné sur lequel les anciens Péruviens s'amusaient à glisser en s'accroupissant sur sa surface polie. On remarque aussi, près du Rodadero, l'Intihuana, pierre contenant un petit canal creusé dans le roc, où l'Inca faisait des libations de chicha pour arrêter le Soleil.

Le sommet du Sacsahuaman est surmonté de trois croix; le signe de la rédemption a détrôné l'idolâtrie et plane victorieusement sur la ville du soleil régénérée par le christianisme. Les flancs de ce cerro sont cultivés et produisent des céréales; sa formation géologique est un porphyre jaunâtre épidotifère en décomposition.

Une rue descend, en ligne directe, de la forteresse

et du palais de Manco Capac au temple du Soleil.

Le monastère des vierges du Soleil, l'Acllahuasi, s'élevait, près de la grande place, sur l'emplacement actuel du couvent de Sainte-Catherine. Deux murailles assez hautes sont encore debout et dans un assez bon état de conservation, bien que quelques assises aient été disjointes par les secousses répétées des tremblements de terre.

La muraille de la rue del Triunfo est assurément un des plus beaux vestiges de l'architecture incasique; elle a plusieurs mètres de hauteur, et, parmi les blocs qui la composent, on admire une pierre qui a douze angles et qui s'enchâsse parfaitement dans les pierres qui l'entourent. Les ruines de la calle del Triunfo appartiendraient au palais d'un Inca et non au monastère des vierges du Soleil : telle est du moins l'opinion la plus répandue aujourd'hui.

L'origine de la civilisation américaine a été l'objet de profondes études et de nombreuses théories. S'il est avéré que, dès le xe siècle, les Scandinaves, établis au Groenland, faisaient des expéditions dans le nord de l'Amérique, les recherches les plus scrupuleuses n'ont pas amené d'autre résultat; là commence l'incertitude, et tous les écrits qui ont traité de l'origine des races qui ont civilisé le nouveau continent ne sont que de pures hypothèses. Les uns professent que cette civilisation émane des tribus de l'ancien royaume d'Israël; les autres, d'une colonie de Phéniciens; quelques-uns, d'une émigration chinoise. Ces diverses conjectures sont fondées sur de simples analogies de mœurs et de religion existant entre ces nations et les peuples d'Amérique. Il y a, en effet, une ressemblance frappante entre les religions et les mœurs du Pérou et de l'ancienne Judée, et on ne peut pas nier qu'il n'y ait beaucoup de points de contact entre le culte de Bouddha et de Brahma et ceux du Mexique et du Pérou. Mais ces arguments sont-ils bien concluants? Est-il juste de se fonder uniquement sur ce que tel ou tel peuple avait certains usages et certaines pratiques religieuses que l'on a retrouvés chez les Incas, pour en induire aussitôt que la civilisation incasique a pris sa source dans le pays habité par ce peuple? Ces bases me paraissent peu solides, et surtout on en tire des conséquences trop larges; ainsi, de ce que la religion chrétienne a quelque identité avec le bouddhisme, on n'en a pas conclu que l'une n'était que la reproduction de l'autre. Il est plus rationnel d'attribuer des ressemblances fortuites à la constitution générale de l'homme et aux nécessités de sa nature physique et morale. L'esprit humain se meut dans les mêmes limites, tend aux mêmes fins, aspire et converge vers le même but, et je ne crois pas qu'il y ait un peuple avancé dans la voie de la civilisation, dont tous les usages s'écartent de ceux des autres peuples civilisés. Voyez la Chine, cet empire qui ne communiquait avec aucune nation : les Chinois ne connaissaient-ils pas beaucoup de nos inventions? Faut-il en conclure qu'ils nous avaient fait ces emprunts?

La civilisation des Incas avait un caractère original, et rien ne me porte à supposer qu'elle soit venue de l'extérieur. L'inspection des monuments que les Incas ont légués à la postérité suffit pour convaincre tout observateur attentif et sans préjugés que ces édifices ont été construits par une race d'hommes qui ne connaissaient ni les mosquées de l'Orient, ni les pagodes de l'Inde, ni les temples de l'Occident. C'est par tâtonnements que ce peuple procède, et on peut constater ses progrès dans l'art de bâtir. On voit dans les îles du lac Titicaca des ruines qui indiquent un peuple dans l'enfance faisant ses premiers essais; au Cuzco, le temple du Soleil et les palais des souverains sont des masses imposantes, et néanmoins l'empreinte étrangère ne se montre nulle part. Les Péruviens avaient d'ailleurs des modèles dans les édifices de Tiaguanaco, que l'on s'accorde généralement à regarder comme le produit d'une autre nation plus ancienne; ils en avaient aux portes même du Cuzco, si on se rallie aux auteurs qui inclinent à penser que la forteresse d'Ollantay-Tambo était déjà construite avant que Manco Capac fondât son empire.

L'architecture incasique se rapproche des constructions cyclopéennes par la dimension des matériaux, mais elle en diffère essentiellement si on considère la taille des pierres ; elle a un cachet qu'on ne retrouve dans aucune autre contrée du globe [1]. L'absence de sculptures est un caractère saillant de cette architecture. Les sculptures en creux de la porte de Tiaguanaco, les seules, avec quelques fragments de statues, qui existent dans l'Amérique du Sud, remontent à une époque antérieure à Manco Capac et appartiennent à une civilisation différente. Dans tous ces faits je vois une preuve convaincante que le bienfaiteur et le législateur de la race péruvienne n'était pas un étranger, car un étranger eût introduit non-seulement sa religion et ses mœurs, mais aussi l'architecture de son pays natal.

D'un autre côté, ce qui vient encore corroborer mon opinion sur l'origine autochthone de cette civilisation, c'est que la religion et les mœurs du Pérou ont de l'analogie avec la religion et les mœurs non d'un peuple, mais de plusieurs peuples fort distincts, sans que les écrivains puissent s'accorder sur la question de savoir auquel de ces peuples l'empire des Incas est redevable de sa civilisation. Manco Capac, s'il fût né sur une terre étrangère, eût apporté le culte et les mœurs

---

1. Humboldt fait remarquer que tous les monuments incasiques paraissent sortis d'un même moule et construits par un même architecte. La simplicité, la symétrie et la solidité sont les trois caractères principaux de cette architecture.

de sa patrie, et non des mœurs et une religion empruntées à différentes nations.

Il est une autre considération que l'on n'a pas encore fait valoir et qui pourtant, à mon sens, est d'un grand poids. Il est universellement admis que l'usage du fer était inconnu aux Incas; or, comment le peuple quichua eût-il ignoré le mode de travailler et d'utiliser le fer, s'il eût été civilisé par des nations d'Europe ou d'Asie qui connaissaient, toutes, les avantages que l'on retire de l'emploi de ce métal précieux? Les Incas ne savaient pas non plus travailler et sculpter le bois, ils manquaient d'instruments; cette ignorance serait inexplicable si le germe de la civilisation péruvienne eût été importé du dehors. Cet argument n'est pas sans force et contribue à fortifier mes convictions.

Il me semble plus simple et plus probable d'admettre qu'un être doué d'un esprit supérieur, né dans les environs du lac Titicaca, plein d'ambition et grand par le génie, profita de l'état abject de barbarie dans lequel était plongé le Pérou, persuada à ces peuplades naïves de se réunir en société, leur dicta des lois et se fit passer pour le fils du Soleil, afin de mieux asseoir son autorité.

CHAPITRE VI

Route du Cuzco à l'Ucayali. — Chinchero. — Urubamba. — Ollantay-Tambo. — Vallée de Santa Ana : ses cultures et ses productions.

Je ressentais au Cuzco ce que j'avais éprouvé, quelques années auparavant, pendant mon séjour à Rome ; mes impressions du Pérou avaient certains rapports avec mes impressions d'Italie ; le Cuzco, à un degré inférieur, avait été le centre et la capitale d'un grand empire, avait propagé les lumières de la civilisation et dicté des lois à de nombreuses nations. La ville du Soleil se présentait à mes yeux sous le même aspect que la ville éternelle ; de ces deux puissances il ne restait plus que des ruines. Les monuments, qui survivaient à un passé glorieux, réveillaient en moi de nobles souvenirs, et je foulais avec respect cette terre où chaque pas me conduisait à un vestige de la grandeur d'une nation déchue. Je songeais malgré moi au néant des choses d'ici-bas, et je portais tristement mes regards sur cette civilisation des Incas dont l'existence n'était plus révélée que par des débris épars sur une vaste étendue.

Ce n'est pas au Cuzco seulement que l'on rencontre des constructions incasiques : il en existe à Chinchero, à Ollantay-Tambo, à Limatambo, dans un rayon d'une douzaine de lieues.

J'avais déjà entrevu la nature tropicale à Panama et à Guayaquil, et visité la forêt vierge près de Tarma, à Chanchamayo et à Vitoc; néanmoins, depuis que je connaissais les antiquités du Cuzco, j'avais hâte de partir pour la vallée de Santa Ana[1], et d'aller étudier chez les tribus sauvages l'homme primitif et ses mœurs naïves.

Du Cuzco à Chinchero il y a quatre lieues espagnoles; on sort du Cuzco par une quebrada assez étroite, et le pays est triste jusqu'à Chinchero, gros bourg de pauvre apparence. Le curé, pour qui nous avions, mon frère et moi, des lettres de recommandation, nous reçut à bras ouverts et se mit à notre disposition pour nous montrer les curiosités de son pueblo et des environs.

L'église est construite sur les fondations d'un palais du temps des Incas : elle s'élève sur une plate-forme en terrasse, soutenue par une muraille de plusieurs

1. On dit Santa Ana ou Santana.

mètres de hauteur et terminée par une corniche; dans l'épaisseur du mur, des guérites ou niches parfaitement conservées rappellent les guérites du palais de Manco Capac au Cuzco. Cette muraille, qui était intacte encore il y a trois ans, vient d'être démolie sur une étendue de plusieurs mètres dans la pensée qu'elle pouvait recéler des trésors; le reste est debout, grâce au peu de succès des premières recherches.

Dans la campagne, non loin de cette église, on voit plusieurs étages de murs en terrasse d'un mètre de haut environ et formant des angles plus ou moins aigus. Vous retrouvez ici, comme au Rodadero, des marches ou gradins taillés dans le roc; à l'extrémité de l'une de ces roches sont grossièrement sculptés un chat-tigre couché et un autre animal plus petit de la même espèce, sculptures uniques de cette époque, fort endommagées par les enfants du village voisin.

La pampa qui sépare Chinchero d'Urubamba est monotone; le temps était couvert, et il tombait quelques flocons de neige. Notre esprit subissait l'influence du temps, et l'allure régulière de nos mules nous portait insensiblement au sommeil; nous avancions en silence, quand, après quelques heures de chemin, le ciel s'éclaircit peu à peu, les nuages se dissipèrent et le soleil parut tout à coup au-dessus de nos têtes comme nous entrions à Urubamba, petite ville agréablement située au milieu d'une vallée verdoyante, entre deux chaînes de montagnes fort élevées, sur les bords du rio Urubamba ou Santana.

Cette vallée, connue du temps des Incas sous le nom de vallée de Yucay, offrait un lieu de retraite et de plaisance aux souverains qui venaient s'y reposer des fatigues du gouvernement; elle était redevable de cette faveur à la beauté du paysage et à la douceur du climat.

La route jusqu'à Ollantay-Tambo suit la vallée arrosée par le rio Urubamba; les genêts d'Espagne et les daturas sont très-abondants dans ces parages. Le pueblo d'Ollantay-Tambo est à onze lieues du Cuzco : on y admire les ruines d'une forteresse qui commande la vallée et occupe le sommet d'un cerro dans une position inexpugnable; ce cerro se trouve au point de jonction de la vallée de l'Urubamba et d'une quebrada latérale qui s'ouvre sur la droite.

La forteresse se compose de cinq étages de terrasses sur la quebrada, et de six sur la vallée, sans compter une longue muraille fort épaisse qui lui sert de base. Vers le sommet, plusieurs blocs de porphyre rougeâtre de $5^m 44$ de long sur $1^m 46$ de haut gisent couchés sur le sol; deux autres, disposés en angle droit, donnaient entrée à un souterrain qui communiquait, dit-on, avec le Cuzco : on l'a comblé à la suite de la mort de plusieurs personnes qui s'y étaient engagées. Cette communication souterraine avec la ville impériale est sans doute une fable. Un peu au-dessus, on remarque six blocs immenses de ce même porphyre qui sont juxtaposés; leur dimension est tellement colossale que j'ai cru devoir la mesurer et la transcrire :

1re pierre à gauche,	1^m	87	de large sur	3^m	05	de long.
2e —	1	50	—	3	15	—
3e —	1	18	—	3	33	—
4e —	1	78	—	3	33	—
5e —	2	28	—	3	42	—
6e —	2	48	—	3	77	—

L'épaisseur de la sixième est de 1^m 90.

Il existe dans le mur du cinquième rempart dix niches ou guérites tournées vers le Cuzco, et une porte par laquelle on entre dans l'intérieur du fort. La taille des pierres est plus merveilleuse encore qu'au Cuzco, quoique le porphyre qui a servi à la construction de la forteresse d'Ollantay-Tambo soit plus dur et plus difficile à travailler que le calcaire des remparts de la ville du Soleil.

Des maisons, privées de leurs toits, se dressent de tous côtés autour de la forteresse dans des endroits presque inaccessibles; les unes sont longues et étroites, d'autres sont carrées; elles ont des ouvertures qui devaient être des portes et des fenêtres; à l'intérieur, des niches sont pratiquées dans les murs. Elles sont bâties en schiste recouvert de boue jaunâtre; on comprend que les toits manquent, car on sait qu'ils étaient de paille.

Il est étonnant qu'aucun historien du Pérou ne parle des motifs qui firent élever cette forteresse, et on se l'explique d'autant moins que Tambo n'était pas sur la frontière de l'empire ; la nature s'était chargée d'opposer une barrière à la belliqueuse nation des Antis[1], et rien n'indique en ce lieu la nécessité de fortifications de cette importance.

La tradition rapporte qu'Ollantay, prince du sang royal des Incas, fut surpris dans le monastère des vierges du Soleil où il avait pénétré, aveuglé par un amour funeste pour la fille de son souverain. La loi prononçait la peine de mort contre le coupable ; mais le rang élevé d'Ollantay fit commuer la peine de mort en un châtiment humiliant qu'il subit sur la grande place du Cuzco. Remis en liberté après une courte captivité, il se retira dans ses domaines, la vengeance au cœur ; pendant plusieurs années il dissimula son courroux, accumulant, sous des prétextes simulés, tous les moyens de défense et se préparant à la révolte. Quand il se crut assez fort pour jeter le masque, il leva l'étendard de la rébellion, et l'Inca, qui avait vu toute sa puissance échouer devant les rocs inaccessibles de cette forteresse, ne put réduire son vassal rebelle qu'en

---

1. Cette nation habitait la forêt vierge au delà de la seconde Cordillère qui s'élève près de Tambo.

recourant à la ruse. Le général Rumiñahui se dévoua comme Zopyre, et son dévouement fut couronné du même succès; il livra à son souverain l'entrée de la forteresse, et l'empire des Incas fut débarrassé d'un ennemi redoutable. Quoi qu'il en soit de cette légende, je serais plus porté à croire avec certains auteurs que l'édification de ces remparts est antérieure à la fondation de la monarchie de Manco Capac et qu'Ollantay-Tambo ne tomba que plus tard au pouvoir des Incas.

On donne le nom de Sitio de la Nusta[1] à un siége et celui d'Incamisana à un autel, taillés dans le roc. L'Inca faisait des sacrifices sur cet autel auquel on parvenait par des escaliers plus ou moins dégradés et portant la marque de losanges sculptés en creux. Des constructions en schiste recouvert de terre s'échelonnent de tous côtés sur le cerro escarpé qui fait face à la forteresse dans la quebrada latérale. La *horca del hombre* et la *horca de la mujer*, dont l'accès est aujourd'hui presque impossible, servaient à l'exécution des coupables : on y pendait les criminels dont les cadavres étaient précipités dans le ravin, après l'accomplissement de la sentence de mort. Trois maisons, ayant plus de dix mètres de long sur deux de large seulement, et placées les unes au-dessus des autres, nous ont été indiquées comme un ancien collége. Quelques

---

1. La Ñusta, c'est la descendante du sang royal qui est célibataire.

pans de murailles dans le pueblo sont encore dignes de l'attention du voyageur, non moins que le Baño de la Nusta, bloc énorme de porphyre, à moitié plongé dans le torrent de l'Urubamba et dans lequel est creusé un siége ; des trous, pratiqués dans ce bloc, semblent destinés à recevoir les supports d'une tente. Une grosse roche est placée sur le devant pour protéger la baigneuse contre la violence du courant ; le bain avait probablement une enceinte complète que les flots auront détruite.

Le pont de lianes sur l'Urubamba date des Incas : une pile de pierre, construite au centre du fleuve, a résisté à l'action du temps et à la fureur du torrent ; de petits rondins, liés entre eux au moyen de cuir, reposent sur quatre cordons de lianes entrelacées, dont l'extrémité est fortement amarrée à la rive, et dont le centre trouve un point d'appui sur la pile ; en outre, des fourches enfoncées dans le sol soutiennent en l'air deux câbles en lianes auxquels sont attachés par d'autres liens les cordons inférieurs supportant les rondins. Ces ponts ont donné l'idée première du pont suspendu, qui n'est qu'un pont de lianes perfectionné.

En arrivant à Ollantay-Tambo, on nous avait montré sur une roche très-élevée une peinture qui représente un Indien brandissant une fronde : cette peinture est aujourd'hui à peu près effacée, et je m'incline devant l'unanimité des auteurs. Quant à moi, dans l'état actuel des choses, je serais porté à croire que l'imagination a prêté à un caprice de la nature une forme qui n'est due qu'à une veine bizarre de la roche.

La carrière d'où les Indiens ont tiré leurs matériaux pour construire les fortifications d'Ollantay-Tambo est de l'autre côté du torrent et à une hauteur prodigieuse : des blocs taillés et prêts à être enlevés attestent que la forteresse est restée inachevée. N'est-il pas surprenant que ces blocs immenses aient pu être transportés de l'élévation où est la carrière au sommet du cerro de Tambo ? Et ce qui est plus admirable encore, c'est que les pierres taillées arrivaient intactes à leur destination. Quels étaient donc leurs moyens de transport, puisque ni les distances, ni la dimension des matériaux, ni les obstacles de tout genre résultant de torrents à franchir ou de montagnes à escalader, n'étaient des barrières suffisantes pour arrêter leurs travaux ? Le peu de documents qui ont survécu de cette histoire nous oblige à renoncer à expliquer ce problème, et il faut attribuer la réussite de ces vastes entreprises au caractère et à la patience de l'Indien, et à la puissance du nombre. Les blocs de porphyre épars dans la campagne depuis la carrière jusqu'à Tambo, indiquent la route que suivaient les Indiens dans leurs transports. Un de ces blocs, abandonné près du chemin, est désigné sous la dénomination de Piedra Cansada, ce qui signifie pierre fatiguée : selon une légende fidèlement conservée par les habitants de Tambo, cette roche se serait fatiguée pendant le trajet et aurait versé des larmes de sang ; il se rattache au transport de ce bloc quelque drame sanglant, quelque accident terrible dont le souvenir s'est perpétué jusqu'à nos jours.

Le 23 août, nous poursuivons notre route, regrettant de ne pouvoir consacrer plus de temps à étudier les merveilles de Tambo. Nous avancions lentement dans une quebrada, tantôt rétrécie, tantôt s'élargissant pour se resserrer plus loin. J'ouvrais la marche avec mon frère, et notre domestique chassait devant lui la mule de charge, qui cheminait au petit trot sans se douter du sort qui l'attendait avant la fin du jour. Un pic couvert de neige se dressait devant nos yeux, et nous entendions mugir, au fond du ravin, le torrent impétueux de l'Urubamba.

L'administration du Pérou, malgré les revenus dont elle peut disposer, ne s'occupe jamais de l'entretien des routes et des ponts ; aussi les accidents sont-ils fréquents, et on court des dangers sérieux dans un long voyage. Nous franchissons l'Urubamba sur un pont de bois, mais le pont nous ayant paru d'une solidité douteuse, nous crûmes prudent de faire passer notre mulet de charge le premier. Le pauvre animal allait atteindre l'autre rive, lorsque le pont croula en partie sous lui : il tomba dans la rivière, les quatre pieds en l'air, et nous perdîmes plusieurs heures à le remettre en état de continuer le voyage. Heureusement le pont n'était élevé que de deux à trois mètres au-dessus de l'eau, et le mulet fut quitte de sa chute moyennant quelques contusions et une légère blessure : quand nous l'eûmes rechargé, il nous suivit avec une résignation bien méritoire. Une fois sortis de ce mauvais pas, nous nous engageons dans un petit bois que l'on ne quitte que pour entrer dans la puna : un tapis de verdure se déroule alors sous nos yeux et recouvre une série de mamelons qui se succèdent à perte de vue ; il n'y a pas d'arbre dans la puna, un maigre gazon croît seul sur ces hauteurs. De gros nuages noirs nous annonçaient l'approche de la pluie : nos prévisions se réalisèrent bientôt, et une pluie fine et pénétrante nous tourmenta jusqu'au soir. Après une côte assez roide et fort longue, nous atteignons la région des neiges : le passage de cette petite Cordillère ne demande que quelques heures ; la descente vers la vallée de Santa Ana est très-rapide, et on se retrouve promptement dans un climat plus doux. L'accident de notre mule nous avait attardés, et il nous fut impossible de gagner Yanamanchi avant la nuit : nous fûmes contraints de nous arrêter et de coucher dans une chaumière fort sale et ouverte à tous les vents.

En deux jours de marche, nous parvenons à Huiro : cette hacienda est fort importante, elle embrasse une étendue de plusieurs lieues ; les bâtiments sont considérables, et le nombre des travailleurs dépasse deux cents ; on y cultive la coca, la canne à sucre et le manioc. La canne à sucre est broyée et convertie en eau-de-vie, *cañaso*, dont il se fait une grande consommation dans la vallée : l'excédant est expédié au Cuzco, ainsi que la récolte de la coca. Quant au manioc, il est consommé sur place pour la nourriture des habitants. Ajoutons qu'il y a beaucoup d'orangers à Huiro et que les fruits en sont excellents.

De Yanamanchi à Huiro, on traverse un pays entrecoupé de collines et planté d'arbres tropicaux : les chemins, très-mauvais en temps sec, deviennent impraticables pendant la saison humide. Des maisons d'Indiens sont semées de distance en distance ; des bambous ou des planches juxtaposées servent de murs et le toit est en paille sauvage. Les coqs de roche, les perroquets, les oiseaux-mouches, l'oiseau des sept couleurs, tous les volatiles au brillant plumage abondent dans la vallée de Santa Ana ; nous observions avec ravissement toutes ces merveilles et toutes ces richesses que l'on ne voit que sous les tropiques.

La vallée de Santa Ana, arrosée par l'Urubamba, est, avec la vallée de Huanuco et celle de Marcapata, le centre de la production de la coca au Pérou, depuis la destruction par les sauvages des riches *cocales* de Paucartambo. Sur chaque rive du fleuve s'élèvent de nombreuses haciendas [1] à partir de Huiro jusqu'à la mission de Cocabambilla : les plus importantes sont Challanqui, Santana, Quillabamba, Urusaihua, Messapata. On y cultive les mêmes plantes qu'à Huiro : il y a également quelques plantations de cacao et de café. Je parlerai ci-après de la culture de ces divers végétaux et des maladies qui les attaquent.

Comme nous arrivions à l'hacienda de Santana, appartenant au général Larrea, on venait de clore la première séance des élections à la députation, c'est-à-dire que le pays était en fête : on nous accueillit avec enthousiasme, on s'empressa d'ajouter deux couverts pour les nouveaux venus, et nous fûmes obligés, pour nous conformer aux usages, de boire à la santé d'une quinzaine de personnes présentes. Cette coutume est un peu tyrannique pour celui qui est souffrant et qui n'est pas habitué à boire une grande quantité d'eau-de-vie. Le cañaso, fabriqué dans l'hacienda, circulait dans l'assemblée et mit bientôt tout le monde hors d'état de raisonner juste et de marcher sans guide. Une seule tasse sert à tous les assistants ; chacun la prend à son tour, en remplit le quart, et, la coupe vidée, la remet au voisin ; elle passe ainsi de main en main, et on ne boit jamais sans porter la santé de quelqu'un qui est par là même obligé de rendre la politesse. Chacun, en avalant

---

1. Une hacienda est une ferme, une propriété rurale.

la liqueur qu'il s'est versée, fait une grimace de possédé : est-ce, comme on me l'a assuré, pour cacher son jeu et se soustraire au reproche de boire par une autre considération que celle d'honorer l'hôte qui régale et sa maison ? Pour moi, j'avais interprété cette grimace dans le sens de dégoût, et je m'étais demandé pourquoi, si l'eau-de-vie répugne, on perpétue un usage désagréable au palais et nuisible à la santé. J'étais novice alors, l'expérience m'a appris, depuis, la manière de toujours accepter impunément l'eau-de-vie qui m'était offerte : en cette matière, un refus a des suites graves et se traduit en une offense. J'ai vu une tasse brisée à mes pieds pour avoir répondu par un refus à une politesse de ce genre, bien que je me fusse excusé sur ma qualité d'étranger et sur mon état de souffrance. Pour se dérober aux effets pernicieux de l'eau-de-vie, il faut user de ruse ; on porte la tasse à sa bouche, et, en feignant de boire lentement le contenu, on le laisse couler en partie goutte à goutte le long du menton et du cou ; on ne mouille ainsi que son linge et on épargne sa santé, le trésor le plus précieux en voyage. On m'a raconté qu'un étranger qui avait employé ce procédé ingénieux était sorti tellement mouillé d'une *tertulia* ou réunion où il avait passé plusieurs heures à boire, qu'on pouvait le suivre à la trace des gouttes qui s'échappaient de ses vêtements. J'ai imité cet exemple et je n'ai eu qu'à me féliciter du succès. Telles sont les distractions de l'intérieur du Pérou : on ne comprend pas d'autre jouissance que celle de boire le plus d'eau-de-vie possible, et les réunions n'ont pas d'autre but. Le riche propriétaire et l'Indien de la basse classe puisent à la même source ; la seule différence consiste dans les suites de l'orgie. Le blanc se contente de satisfaire ses passions : l'Indien ivre ne connaît plus de retenue, c'est l'animal écoutant ses appétits; pour lui, il n'y a plus alors de liens de parenté; mais respectons les oreilles de nos lecteurs et laissons dans l'ombre des faits que la pudeur me fait un devoir de cacher.

La canne à sucre est le principal produit de l'hacienda du général Larrea à Santana : elle fournit annuellement douze mille arrobes[1] d'eau-de-vie. On mange dans la vallée d'excellents ananas ; rien n'égale leur saveur, et la chaleur du climat en fait mieux apprécier tout le prix.

Près de l'hacienda d'Urusaihua, il faut traverser le fleuve : on décharge les mules, et on s'installe avec ses effets sur une *balsa* ou radeau qui débarque les voyageurs à la rive opposée. Les mules doivent passer l'Urubamba à la nage et vaincre la rapidité du courant qui est assez fort en cet endroit. Une lieue plus loin est bâti Echaraté, petit village de quatre cents habitants ; nous y reçûmes l'hospitalité chez un brave compatriote,

---

1. L'arrobe pèse vingt-cinq livres.

M. Larrey, dont l'hacienda est une des plus belles de la vallée : elle a sept lieues d'étendue, la canne, le cacao et la coca y croissent avec succès. Les montagnes et les collines environnantes sont moitié boisées, moitié découvertes : le gazon recouvre les parties où les arbres manquent.

La mission de Cocabambilla n'a rien de remarquable : l'église avait été récemment détruite par un incendie, et on avait commencé la reconstruction. M. Valverde a établi une plantation à une demi-lieue au delà ; il nous accueillit avec cordialité et voulut bien nous accompagner jusqu'à Hillapani, hacienda de création nouvelle, appartenant à M. Tejada, auquel il est uni par les liens de la parenté.

Nous eûmes la bonne fortune de rencontrer, chez M. Valverde, le Padre Forjas qui habitait déjà la mission lors de l'expédition de M. Castelnau et M. Faustino Maldonado, explorateur du rio Ucayali. Je recueillis de leur bouche mille renseignements précieux sur la nature du pays et sur le cours de l'Ucayali : M. Maldonado, qui a remonté deux fois ce fleuve depuis son embouchure dans l'Amazone jusqu'à Hillapani et qui a vécu plusieurs années au milieu des tribus sauvages, m'a raconté de curieux détails de mœurs dont j'ai pris note avec soin et qui sont reproduits ci-après.

M. Valverde nous présenta à M. Tejada et nous procura des rameurs pour descendre le fleuve. Un hangar nous offrit un abri pour la nuit, mais les rats et les ravets nous empêchèrent de fermer l'œil : le ravet ou *cucaracha* est un insecte qui se loge dans les fentes des maisons et qui, dans l'obscurité, s'abat sans pitié sur le malheureux voyageur et le couvre de piqûres; il ne nous épargna pas, malgré le caractère scientifique dont nous étions revêtus. La forme de cet insecte est oblongue et aplatie, son aspect est repoussant et il exhale une odeur fétide, j'ai encore le frisson toutes les fois que je me rappelle la peur que me causait le contact de ces insectes maudits. Le jour, le ravet disparaît, mais le moustique vous incommode; c'est une souffrance d'un autre genre.

La nature tropicale a ses charmes, et la végétation de ces contrées privilégiées a un air de majesté qui frappe celui qui est assez heureux pour la contempler; mais il est donné au petit nombre de jouir de ce spectacle, et ce petit nombre d'élus achète chèrement ces courts instants de bonheur. Dieu a déployé toute sa magnificence en créant la forêt vierge; un voile dérobe ce tableau aux regards de l'Europe, et il ne s'entr'ouvre que pour ceux qui, sachant apprécier sa beauté, s'imposent de grands sacrifices.

Je consacrerai la fin de ce chapitre à parler des différentes cultures et des produits de la vallée de Santana, ainsi que des ouvriers employés dans cette partie du Pérou.

Chaque hacienda possède ses ouvriers, son contingent de travailleurs; le manque de bras et la difficulté de s'en procurer sont une des plaies du pays et une des plus grandes entraves qui ont, jusqu'à ce jour, empêché la culture de prendre tout le développement dont elle est susceptible. Quand un propriétaire d'hacienda a besoin d'ouvriers, il s'adresse à la province voisine, qui lui envoie des *péons* et des *palladoras* (femmes qui font la cueillette de la coca); il donne à chacun cinq ou dix piastres[1], et il ajoute, par piastre, un réal de gratification pour la route. L'Indien travaille alors jusqu'à ce que ses services correspondent à la somme qui lui a été livrée; mais beaucoup reçoivent des avances, et, avant d'avoir fourni un travail suffisant pour s'acquitter, ils prennent la fuite, changent de nom et vont louer ailleurs leurs services; cette nécessité de faire des avances est une source de pertes considérables pour l'*hacendado*.

Le dimanche, le propriétaire réunit son monde et remet à chaque Indien sa paye de la semaine. Celui à qui on a avancé de l'argent reçoit néanmoins un réal par jour de travail, c'est ce qu'on appelle le *socorro;* la valeur de ses services est appréciée et réduit d'autant le chiffre de sa dette.

Les ouvriers habitent des cabanes (*rancherias*) con-

---

[1]. La piastre vaut un peu plus de cinq francs, et le réal un peu plus de cinquante centimes.

struites en bois, en bambous ou en adobes (briques cuites au soleil) et couvertes en paille sauvage. L'intérieur est divisé en pièces de trois mètres carrés environ; chaque pièce est destinée à une famille.

Leur nourriture est très-simple ; ils ne mangent que des racines croissant dans la vallée et de la viande salée; le dimanche, on leur distribue six livres de viande par tête. Ils sont très-adonnés à l'ivrognerie; leurs boissons se composent de chicha et d'eau-de-vie de canne. Quand ils sont ivres, ils dorment souvent en plein air et ils sont atteints d'une maladie, l'*opilation;* ils enflent rapidement, et, si de prompts secours n'arrêtent pas le progrès du mal, ils deviennent impotents pour le reste de leur vie.

Le *charango,* guitare primitive, est l'instrument de musique favori de l'Indien. Il dépense tout ce qu'il gagne pour acheter de l'eau-de-vie, il s'enivre, il se dispute, et le poignard joue son rôle au milieu de l'ivresse; le lendemain, l'Indien blessé se présente devant le juge de paix et formule sa plainte. Le juge dit au coupable qu'il devait avoir perdu la raison pour s'être porté à de tels excès, et il l'envoie en prison, où on lui inflige un châtiment : on place son cou et ses pieds dans des trous pratiqués dans le bois, et il reste plusieurs jours en cet état pour expier sa faute.

Je vais parler maintenant de la culture de la coca,

plante que les savants appellent *Erythroxylon. coca*, et dont l'usage remonte à une époque antérieure à la conquête des Espagnols, époque où elle avait un caractère sacré et figurait dans les cérémonies du culte. Aujourd'hui les Indiens en font une grande consommation, et la mastication de cette feuille est devenue pour eux de première nécessité.

Pour faire une plantation de coca, un cocal, on recueille de la graine saine, on la lave afin de la débarrasser de son enveloppe charnue, et les pepins se sèment dans de grandes pépinières (*huambals*). On a soin que l'huambal soit abrité par des broussailles ou des nattes, afin que le soleil ne brûle pas le jeune plant. Le semis a lieu en janvier ou en février; l'année suivante, l'arbrisseau a un pied de hauteur et il se transplante dans la plaine; la terre est préparée à la bêche ou au moyen du labour; des sillons de deux pieds de profondeur sont ouverts à une distance d'un mètre les uns des autres; chaque sillon reçoit un certain nombre de plants qui sont espacés de demi-pied en demi-pied[1]. Le sommet du sillon est planté en manioc ou en maïs, qui protégent de leur ombrage la jeune coca. Le planteur ne doit pas négliger de fouler la terre avec force autour de la racine. Le terrain se nettoie avec la main pour enlever les pierres et les mauvaises herbes; dans les plantations de

---

1. Chaque trou reçoit deux ou trois jeunes plants.

deux ans, on emploie la bêche pour purger le sol, auquel on donne deux façons par trimestre.

Quand la récolte approche, on forme un monticule au pied de chaque arbrisseau, et on ne rétablit les sillons que lorsque la coca est en état de limonade, c'est-à-dire lorsque ses feuilles ont pris une teinte jaunâtre.

La feuille mûre qui n'est pas cueillie tombe du jour au lendemain ; quand elle se brise facilement, c'est un signe de maturité. La première récolte, nommée *huaranchi*, a lieu un an et trois mois après la transplantation ; elle est moins abondante que les autres, mais c'est la plus estimée comme qualité, la feuille est plus verte et plus forte que dans les récoltes suivantes. La coca se cueille tous les trois mois, quand le cocal est arrosé, et tous les quatre mois, quand il ne l'est pas. Après la première récolte, il pousse des branches de tous côtés, et deux ans plus tard, l'arbuste est dans toute sa vigueur, il est en *boia*. La boia comprend un espace de quatre ans, après lequel le cocal commence à dégénérer et finit par sécher entièrement.

Pour fournir une arrobe de coca, qui vaut aujourd'hui neuf piastres, il faut deux ou trois *cabezas*. Une tête ou cabeza occupe un sillon de cinquante mètres et se compose d'un millier d'arbrisseaux. La cueillette est réservée aux femmes, aux enfants et aux vieillards ; quatre ou cinq femmes, dans les bonnes cultures, peuvent récolter une arrobe par jour. On cueille feuille par feuille ; chaque palladora a un carré d'étoffe de laine qu'elle doit remplir six ou huit fois dans sa journée. Ce carré plein de coca est le *matu*; quand la capitaine crie : *Matu,* les autres palladoras doivent avoir leur mesure complète. Le majordome accompagné du *matero* prend alors un grand sac, et chaque Indienne vient y vider le produit de sa cueillette. Le matero emporte le sac au *matuhuasi* et y étend la coca sur une épaisseur de quatre doigts pour l'empêcher de s'échauffer et de noircir. Le lendemain de la récolte, on sort la coca dans le *matupampa,* cour pavée de plaques de schiste, on l'étale au soleil, on la retourne toutes les dix minutes et elle est sèche en deux ou trois heures. L'humidité la détériore, la noircit et lui enlève une partie de sa valeur. La coca séchée est placée dans une étoffe de laine et déposée sur les tablettes d'un magasin, où elle reste jusqu'à la mise en sac; on l'expédie au Cuzco par sacs d'une arrobe chacun et à dos de mules.

La coca verte se nomme *cacha;* la coca, noircie par l'eau, *pisada.* Certaines provinces préfèrent cette dernière espèce; pour obtenir la coca pisada on l'expose au soleil, et, une fois séchée, des Indiens la foulent avec leurs pieds humides.

Cette plante vit six ans à Huiro et à Challanqui, où la température est moins élevée que dans les haciendas qui se rapprochent de Cocabambilla; elle vit jusqu'à douze ans dans les parties plus chaudes de la vallée. Autrefois elle durait cinquante ans et plus ; au *potrero* de Santana, il y a encore des cocas plantées par les jésuites, qui ont atteint la dimension et la force d'un arbre.

Deux maladies attaquent cette plante : lorsque la *cupa* se déclare, toute la plaine est infestée en huit jours, la récolte est mauvaise, la feuille petite et amère, et l'arbrisseau improductif l'année suivante. Les branches sont-elles surchargées de graines : elles touchent le sol et l'arbuste se dessèche promptement ; en cet état la graine se nomme *sarnamocllo*, graine de gale. Quelques propriétaires, au premier symptôme du mal, coupent l'arbuste au collet et réussissent ainsi à obtenir des rejetons et un nouveau cocal.

La fourmi *cuqui* est l'animal le plus dangereux pour la coca ; elle coupe les feuilles, ronge l'écorce et détruit en une nuit une plantation entière. Un autre ennemi non moins redouté est un long ver de terre bleuâtre ; il ronge la racine et fait périr la plante qui est bientôt desséchée.

Les Indiens mâchent la coca avec un alcali ; ils portent suspendus au cou un petit sac en cuir rempli de coca et une courge contenant de l'alcali ; ils en consomment une grande quantité, surtout en voyage et dans les mines. Beaucoup d'écrivains ont traité des propriétés de cette plante ; je n'en dirai donc que deux mots : je ne crois pas qu'elle renferme un principe nutritif très-développé, elle agit plutôt comme un excitant et trompe momentanément la faim. L'usage s'en est perpétué par habitude bien plus que par nécessité, et les Indiens y attachent une idée superstitieuse. Quant à ses effets sur l'économie, sont-ils bienfaisants ou pernicieux? Il est difficile de résoudre cette question d'une manière bien précise : ce qui est incontestable, c'est que la race quichua et la race aymara ne brillent pas par leur intelligence, et je ne serais pas éloigné de penser qu'un abus immodéré de cette feuille, prolongé pendant des siècles, n'ait contribué, dans une certaine mesure, à amoindrir les facultés mentales de ces populations. Le tabac, à la longue, produit cet effet, la coca peut avoir une influence analogue; les faits, faciles à vérifier, sont là pour appuyer mon assertion de leur autorité et de leur poids.

Le cacao se sème en pépinière, puis on le transplante en motte dans un trou d'un demi-pied carré; il se plante en allées; chaque arbuste se place à huit mètres de distance; la taille a lieu en août. La hauteur de l'arbre varie de trois à six mètres selon les localités, elle est de trois mètres à Challanqui, de six à Echaraté[1]. La récolte se fait de janvier en avril; pour

---

[1]. Ces deux haciendas se trouvent aux deux extrémités opposées de la vallée de Santana.

qu'elle soit meilleure, il est bon de cultiver le sol et d'entretenir l'humidité au pied des arbres par des irrigations. Le cacaoyer vit quarante ans; il produit après trois ans de plantation. Le cacao vaut 15 piastres l'arrobe; sa valeur a triplé en cinq ans; cette hausse subite provient de la destruction des plantations de cacaoyers qui ont été remplacés par la canne à sucre dont la culture est plus avantageuse.

Le café est un arbuste dont le feuillage est d'un vert éclatant, la fleur est blanche, et la graine, qui est rouge comme le corail, devient noire par la maturité. Chaque arbuste produit de 10 à 15 livres. Le café ne donne des fruits qu'à l'âge de trois ans; il se plante en quinconces et ne résiste pas à une trop forte chaleur [1]. On ne laisse pas croître le café au-dessus de 5 à 6 pieds; il demande à être arrosé en temps de sécheresse, et la récolte est plus abondante quand il est souvent cultivé au pied. La récolte du café achevée, on le fait sécher au soleil avant de le rentrer sous les hangars. Le meilleur café s'obtient en laissant mûrir la graine sur l'arbre, mais le prix de revient est alors fort élevé parce qu'il y a une perte considérable.

La canne à sucre est aujourd'hui la principale culture de la vallée de Santana; les bénéfices qu'on en retire ont fait abandonner d'autres cultures moins pro-

---

1. Aussi dans les climats très-chauds, comme à Cuba, on est obligé de protéger le café par des plantations de palmiers et de bananiers.

ductives. Elle dure dix ans dans toute sa force, mais elle exige de fréquentes irrigations; on la coupe après un an et deux mois de plantation; elle reçoit trois binages jusqu'à sa maturité. On fabrique peu de sucre à Santana, et la presque totalité du jus de la canne est convertie en eau-de-vie (cañaso) par la distillation. La canne est broyée entre deux cylindres de bois ou de métal mus par des bœufs; cependant trois haciendas utilisent l'eau comme moteur pour leurs moulins. La fermentation s'opère dans des cuves ou dans des cuirs cousus ensemble, étendus sur un cadre de bois et supportés par des fourches; elle tarde dix ou quinze jours selon la température. Quand le pèse-sirop Cartier marque zéro, la fermentation est terminée, et on procède à la distillation : le liquide est placé dans les alambics, et le cañaso distillé est mis en magasin. Dans plusieurs haciendas on emploie la chaux ou divers végétaux pour activer la fermentation et augmenter la force de l'eau-de-vie. En général, 25 à 30 arrobes de chicha (jus de canne fermenté) rendent une arrobe de cañaso à 17 degrés. On n'a pas encore réussi à faire disparaître ce goût de canne qui est peu agréable au palais. Le prix du cañaso est de 12 piastres le quintal ou les 100 livres. Les deux tiers de la production sont consommés dans la vallée, le surplus est expédié au Cuzco dans des outres enduites de goudron.

Les montagnes de la vallée produisent beaucoup de

bois incorruptibles, tels que la *huilca*, bois rougeâtre très-dur, employé à la construction des maisons et des moulins ; le *balsamo*, bois jaunâtre d'une grande dureté ; *el amarillo*, *el habahaba*. Ces quatre espèces d'arbres, n'étant pas attaquées par les insectes, sont utilisées de préférence pour construire les habitations.

L'Urubamba est riche en poissons ; le *sabalo*, qui a d'un pied à un pied et demi de long, y abonde ; on le pêche en fermant, de nuit, un bras de la rivière avec de grands morceaux d'étoffe quand le poisson y a pénétré. Le lendemain, on empoisonne l'eau avec la racine rougeâtre du *barbasco*, sur les dix heures, par un soleil ardent. Le barbasco (*Jacquinia armillaris*) étourdit le poisson ; il vient flotter à la surface du fleuve, et on le prend avec des sacs. L'usage des hameçons et des filets n'a pas prévalu. Chaque pêche est très-productive.

Il y a beaucoup de bétail à Santana : un bœuf vaut de 20 à 25 piastres, une vache vaut 20 piastres. La viande fraîche se vend 12 réaux l'arrobe : on n'en trouve que le dimanche, et chacun achète sa provision pour la semaine. On conserve la viande en la coupant en tranches minces qu'on sale et qu'on fait ensuite sécher au soleil. Le mouton est rare, il coûte 12 piastres : les guerres civiles et l'épidémie ont fait renchérir le bétail. Tous les vendredis il se tient, au pont de Chavillay, un marché où les bouchers de la vallée se réunissent. Les grands propriétaires tuent, chaque dimanche, les animaux nécessaires aux besoins de leur exploitation, les autres achètent aux bouchers. Le tigre[1] mange le bétail et fait de grands ravages dans les troupeaux.

1. Tigre d'Amérique ou jaguar.

CHAPITRE VII

Rio Urubamba et Rio Ucayali. — Mœurs des sauvages de l'Ucayali.

L'Ucayali est un de ces grands fleuves qui arrosent le continent américain : descendant du versant oriental de la Cordillère des Andes, il va porter à l'Amazone le tribut de ses eaux.

On a d'abord regardé le rio Ucayali comme étant l'Amazone lui-même, ce n'est que plus tard qu'on lui a donné le nom qu'il porte aujourd'hui et qui signifie confluent. Jusqu'en 1687, l'Ucayali était appelé Apoparu, c'est-à-dire Grand-Paro, nom d'où dérive celui de Grand-Para, sous lequel on désigne aussi le Marañon ou Amazone. C'est vers cette époque que le père Samuel Fritz, jésuite de Quito, dressa une carte de ces contrées et nomma le Tunguragua, Marañon, et le Paro, Ucayali. La grande réputation scientifique dont jouissaient les jésuites fit adopter les dénominations employées par le père Fritz.

L'Urubamba ou Santana, grossi du Yanatili, se réunit avec le Tambo ou Apurimac quelques lieues au-dessous de Santa-Rosa : à partir du confluent de ces deux rivières, le fleuve est nommé Ucayali par les géographes et les voyageurs.

La navigation de l'Urubamba et de l'Ucayali, entre Hillapani et Nauta, peut se diviser en trois points : de l'hacienda d'Hillapani à Santa-Rosa, de Santa-Rosa à Sarayacu et de Sarayacu à Nauta. Ces trois distances se parcourent en un même espace de temps.

Nauta est un gros bourg destiné à acquérir de l'importance à cause de sa position près de l'embouchure de l'Ucayali dans le Marañon.

La mission de Sarayacu jouit d'un climat assez sain, cependant la population est atteinte parfois de fièvres intermittentes, de dyssenteries, et de maladies de peau. La fertilité du sol y est prodigieuse. Autour du couvent habité par les missionnaires se groupent les maisons des sauvages panis de la tribu des Setivos, lesquels vivaient jadis sur les bords du Huallaga. La température moyenne est de 25 degrés, température commune à tout le pays qui avoisine l'Ucayali. La saison des pluies commence en novembre et se termine vers la fin d'avril.

Santa-Rosa est un petit village de Chuntaquiros, qui prendra beaucoup d'extension le jour où l'Ucayali sera sillonné de bateaux à vapeur. On y voit un couvent en ruine.

Un grand nombre de rapides et de rochers qui obstruent çà et là le cours du fleuve s'opposent à ce qu'il soit navigable au-dessous d'Hillapani, même pour de légères embarcations. Quant aux bateaux à vapeur, ils ne pourraient, à cause des rapides, remonter la rivière au delà de Maynique, situé à une vingtaine de lieues avant l'hacienda d'Hillapani, et à soixante-dix lieues environ de la ville du Cuzco.

Le gouvernement péruvien avait acheté aux États-Unis deux petits steamers pour faire le service entre Nauta et Maynique; malheureusement leur direction fut confiée à un officier indigène ignorant, et ces bateaux à vapeur étaient déjà échoués sur la plage après quelques heures de navigation. Cette tentative, si utile pour l'avenir et la prospérité du Pérou, est restée infructueuse.

De Maynique au Cuzco, le transport des marchandises, arrivant d'Europe par eau à destination de l'intérieur de la république, devait s'opérer de deux manières, soit par canot jusqu'à Hillapani et de là à dos de mules, soit par terre pour la totalité du trajet. Cette voie serait plus courte et plus économique pour le transport au Cuzco et dans les provinces voisines que la voie par Aréquipa, comme nous l'expliquerons en parlant de Paucartambo.

Il existe déjà une route ou plutôt un sentier qui relie l'hacienda d'Hillapani à la ville du Cuzco en passant par la vallée de Santana. Il s'agirait donc d'établir un sentier d'une vingtaine de lieues pour combler la lacune entre Maynique et l'hacienda en question, sentier d'autant plus indispensable que l'Urubamba, quoique navigable en pirogue jusqu'à Hillapani, est cependant d'une navigation pénible et dangereuse, surtout pour remonter la rivière.

Peu de temps avant notre expédition, les députés avaient voté une somme d'argent assez forte pour faire face aux dépenses que devait entraîner l'ouverture de ce chemin ; mais on rencontra encore ici un obstacle imprévu. La fraude et la mauvaise foi frustrèrent le pays de cette voie de communication : les propriétaires de l'hacienda d'H***, qui s'étaient chargés d'ouvrir ce sentier, n'exécutèrent pas leurs engagements et réclamèrent la somme fixée pour une œuvre qu'ils n'avaient pas accomplie. Ils s'étaient contentés de descendre le fleuve jusqu'à Maynique, et ils avaient ensuite regagné leur hacienda après avoir planté le drapeau péruvien comme signe de leur excursion. Aucune voix ne s'éleva pour accuser ces mauvais citoyens, et un tel acte de déloyauté resta impuni. L'éloignement du pays que ce chemin devait desservir et l'insouciance impardonnable des chefs subalternes pour le bien public préservèrent les coupables d'un châtiment mérité.

Dans un État aussi vaste que le Pérou, où le pouvoir central est sans force pour ainsi dire, les préfets de l'intérieur sont de véritables souverains, indépendants de fait, nouveaux satrapes gouvernant sans contrôle dans leurs départements. Si cela est vrai pour les départements les plus rapprochés de Lima où réside le président, ceux qui sont au delà des Andes, à une distance considérable du siège du gouvernement, jouissent d'une liberté presque illimitée; Ce qui a lieu de gouvernement à préfet se représente de préfet à subalterne dans ces départements aussi étendus que nos royaumes d'Europe, où la plupart des préfets, plus occupés de leurs plaisirs que de leur administration, passent autour d'un tapis vert le temps qu'ils devraient consacrer aux affaires de la république. Dans l'intérieur, les blancs, maîtres absolus dans leurs haciendas et libres de toute contrainte, ne reconnaissent ni loi ni autorité, et assouvissent leurs passions sans être retenus par aucun frein ; c'est ainsi que le vice lève le front, et, fort de l'impunité, il insulte à la morale et à la bonne foi. Ce fait que je signale entre mille, et que je ne saurais trop stigmatiser, fit échouer notre projet de descendre l'Urubamba jusqu'à Maynique pour visiter ce lieu qui a un grand avenir. Quand je communiquai notre dessein aux MM. T*** et que je les interrogeai sur les distances et les moyens d'exécution, ils eurent soin d'exagérer la longueur et les difficultés du voyage, et ils m'affirmèrent qu'une dizaine de jours, seul espace de temps que nous pouvions consacrer à cette excursion, était insuffisante pour descendre et remonter la rivière. J'ai appris, depuis, qu'ils avaient craint que leur fraude ne fût découverte et que je ne voulusse dévoiler, à mon retour au Cuzco, leur coupable conduite et publier l'abus de confiance commis au préjudice de la nation.

Il fallut donc nous contenter de descendre la rivière pendant quelques lieues. Sans être arrêtés par la fureur des rapides, nous allons visiter sur la rive du fleuve plusieurs familles de la tribu des Campas. Je reçus l'hospitalité à Sinquitun et à Chirumbia, et ce n'est pas sans un vif sentiment de curiosité que je pénétrai avec mon frère dans ces cabanes et que je m'assis au foyer de ces sauvages, mes semblables, qu'une fausse civilisation n'avait pas jusqu'alors corrompus. Je donnerai ci-après les détails les plus minutieux que j'ai recueillis sur la vie et les mœurs des Indiens qui habitent ces parages.

Le rio Urubamba est d'abord fort encaissé et ses berges sont couvertes d'épaisses forêts ; plus loin le terrain s'abaisse un peu, et l'Apurimac se réunissant à l'Urubamba forme l'Ucayali. De vastes plaines boisées, bien connues sous le nom de pampas del Sacramento, succèdent à ces rives escarpées et se déroulent à perte de vue de chaque côté de la rivière : des plages peu étendues se montrent çà et là, et de petites collines couronnées d'arbres tropicaux s'élèvent de distance en distance.

Des nombreux affluents de l'Ucayali depuis Sarayacu jusqu'à Hillapani, je citerai les rios Cusihuatay, Sanaya, Pisqui, Aguaytia, Cayaria, Tamayo, Pachitea, Unini, Camisia, Cerialo, Conversato, Manogali, Sangovatea, Cosireni, Quiteni et Coribeni.

Le règne animal est représenté dans les eaux de l'Ucayali par le lamantin (*Vacca marina*), les caïmans, les tortues, les dauphins d'eau douce, et d'innombrables légions de poissons, et dans les forêts environnantes par les jaguars, les onces, les pécaris, le canard, la grue, le hocco, la pénélope, le toucan, le perroquet, les aras, sans compter les moustiques, les maringouins et autres diptères très-incommodes.

Les rives de l'Ucayali ne sont pas cultivées et elles resteront incultes et inhabitées tant que le Pérou n'offrira pas à l'émigrant européen plus de garanties et de sécurité. Pendant mon séjour au Cerro de Pasco, j'ai vu passer sous mes yeux deux Allemands, amaigris par la faim et les privations, tristes survivants d'une centaine de colons que le président avait fait venir d'Allemagne pour peupler les forêts vierges de Huanuco ; malgré ses promesses d'envoi de vivres, l'autorité supérieure avait laissé ces malheureux mourir de faim et de misère. On comprend combien de semblables exemples nuisent à l'émigration et quelles entraves en résultent pour la colonisation. Que le gouvernement péruvien, utilisant pour le bien du pays les richesses que le guano peut lui fournir, dote le Pérou d'un réseau de routes et de chemins et qu'il encourage efficacement l'émigration étrangère ; alors celui qui végète en Europe, gagnant à peine par un travail assidu de quoi soutenir son existence, ne craindra plus de franchir l'Océan pour aller chercher une autre patrie, où il pourra du moins acquérir les moyens de mener une vie plus douce et réparer l'injustice de la fortune. Oh ! alors les colons afflueraient dans cette terre promise, et ce sol vierge encore produirait d'abondantes moissons. De grandes haciendas s'établiraient le long du fleuve et offriraient au navigateur un refuge pour la nuit et les aliments nécessaires à la vie. L'Ucayali servirait aux colons pour s'approvisionner des denrées et des marchandises d'Europe et pour y expédier, en échange et presque sans frais, le produit de leurs récoltes. Sous les tropiques, où les pluies sont fréquentes, un cours d'eau est la meilleure voie de communication, car les *aguaçeros* (averses) continuels détériorent promptement et rendent impraticables les chemins par terre ; c'est le manque de moyens d'écouler avantageusement les produits du sol qui a été un des grands obstacles à l'établissement de colonies dans des pays d'une fertilité incroyable, mais privés de débouchés faciles.

Le commerce peu actif, qui se fait actuellement par l'Ucayali, consiste : en chapeaux de paille de Moyobamba et de Tarapoto qui se vendent à Sarayacu; en salsepareille provenant des pampas del Sacramento et exportée pour le Brésil; en graisse de tortues et de lamantins et en poissons pêchés dans l'Ucayali et le Marañon. Ce poisson salé vaut de 12 à 15 francs l'arrobe de 25 livres. Le commerce de l'Ucayali prendrait une grande extension si le fleuve était bordé de villages et d'habitations, et il s'augmenterait nécessairement des divers produits des haciendas. Tout porte à croire que mes prévisions se réaliseront un jour, et cet avenir, éloigné sans doute, ne sera ni un vain rêve ni une chimère : ce sera l'œuvre du temps.

Déjà un service régulier de steamers est établi sur l'Amazone et remonte tous les mois le fleuve jusqu'à l'embouchure de l'Ucayali. Le rio Madeira possède aussi sa navigation à vapeur. Le Brésil donne l'exemple : le souverain qui le gouverne étend sa sollicitude paternelle sur tous les points de son empire et fait avancer son peuple dans la voie du progrès. Que le Pérou imite le Brésil, et ses destinées s'accompliront!

C'est vers ces contrées, situées au delà de l'Ucayali, que s'élancèrent tant d'aventuriers intrépides à la recherche et à la conquête des empires chimériques d'Enim, de Paititi, d'Eldorado, de ces pays enchantés où les édifices et les forêts étaient d'or pur, et dont le vaste territoire était formé de ce métal précieux. L'Europe entière ajouta foi à l'existence de ces richesses, et rien ne parut impossible après la découverte des trésors immenses que les Espagnols enlevèrent au Pérou et au Mexique. L'imagination et les yeux voient la nature d'une manière différente : les objets diminuent pour les yeux à raison de la distance et grossissent à mesure qu'ils se rapprochent ; l'imagination, au contraire, revêt les objets éloignés de proportions colossales ; mais approchez du colosse, le géant se change en pygmée. Comme les bâtons flottants de La Fontaine :

« De loin, c'est quelque chose ; et de près, ce n'est rien. »

Parmi les tribus sauvages qui vivent sur les bords du rio Ucayali ou de ses affluents, on distingue les Campas ou Antis, les Chuntaquiros ou Piros, les Mascos, les Amoacas, les Conivos, les Sepivos ou Chipivos, les Setivos, les Remos, les Cacivos, les Sensis et les Mayorounas. Tous ces Indiens sont désignés au Pérou sous le nom de Chunchos ou de Gentiles. Il est difficile de ne pas faire de confusion quand on parle des sauvages de l'Ucayali, à cause des dénominations très-variées qui s'appliquent à chaque tribu ; j'ai fait tous mes efforts pour éviter cet écueil.

Les Remos habitent les rives du rio Abuhau, les Cacivos celles du rio Apachitea et les Mayorounas celles du rio Tapichi.

Les Chuntaquiros se font remarquer par leur activité

et leur courage ; les Conivos, par leur industrie ; les Campas, par leur mollesse et leur nonchalance.

Les Cacivos sont, dit-on, anthropophages ; ils font la guerre à leurs voisins et se nourrissent de la chair de leurs prisonniers ; quand la pluie les a empêchés de sortir pendant quelques jours, ils se mangent entre eux. Cette assertion du père Plaza, religieux de Sarayacu, bien que confirmée par les Chuntaquiros, me paraît un fait douteux. On raconte que les Cacivos se réunissent une fois l'an pour élire celui d'entre eux qui aura le bonheur d'être mangé par sa tribu : des candidats se présentent, et ils se disputent la gloire d'être choisis pour ce sacrifice inhumain. Le sauvage désigné pour mourir quitte la vie avec joie et d'un air de triomphe. Le cadavre est partagé en morceaux et mangé rôti par les Cacivos de la tribu ; de grandes fêtes sont célébrées à cette occasion ; les parents de la victime sont comblés d'honneur, et ils manifestent leur satisfaction par mille cris joyeux.

Les Chipivos, outre l'arc et la massue, se servent aussi de longues sarbacanes et de flèches empoisonnées.

Les Conivos compriment le crâne de leurs enfants entre deux planchettes pour lui donner une forme plate et allongée ; ils placent, à cet effet, une petite planche entourée de coton sur le front et une autre sur l'occiput et attachent avec des cordons cet appareil, qu'ils n'enlèvent que quand l'enfant a six mois. Il en résulte une altération des facultés mentales : aussi ces Indiens sont-ils regardés comme la nation la moins bien douée sous le rapport de la mémoire.

Ils ont coutume de circoncire leurs filles à l'âge de dix ans. Dans ce but, ils rassemblent leurs voisins qui arrivent parés de leurs plus beaux ornements; pendant sept jours on se prépare à cet acte solennel par des chants et des danses, et ces réunions sont célébrées par de nombreuses libations de chicha de manioc. Le huitième jour, la jeune fille, privée de tout sentiment par un usage immodéré de cette boisson de manioc fermenté, est remise aux mains des vieilles femmes qui exécutent l'opération ; une infusion de simples sert à arrêter l'hémorragie. Les chants et les danses recommencent aussitôt; on place la victime sur un hamac et on la promène de maison en maison. La jeune fille circoncise est admise parmi les femmes.

Les Mayorounas ont la barbe aussi épaisse que les Espagnols. On croit qu'ils descendent de ces soldats qui, en 1560, se répandirent dans les forêts après l'attentat commis par D. Lope Aguirre sur la personne de son compagnon Pedro de Orsua.

Je vais entrer maintenant dans quelques détails généraux sur les mœurs de ces Indiens, me réservant de parler des Campas en particulier après avoir résumé le résultat de mes recherches et de mes documents personnels sur la vie des sauvages de l'Ucayali, qui diffère peu de tribu à tribu.

Les Indiens qui habitent les bords de l'Ucayali ou de ses affluents sont grands, robustes et bien faits ; les enfants difformes ou faibles de constitution sont mis à mort. La blancheur de leur peau est un peu inférieure à la nôtre.

Les uns sont à demi-nus, les autres portent le sac, vêtement dont je donnerai la description en parlant des Campas. Ils se barbouillent le visage en rouge et le corps en noir, ils se peignent également en noir les lèvres et les dents.

Ils croient à un seul Dieu créateur de l'univers, et néanmoins ils ne lui élèvent ni temple ni autel et ne lui rendent aucun culte. Ils croient en outre à l'existence d'un être malfaisant qui réside au centre de la terre et cause tous leurs maux ; son nom seul les frappe de terreur. Les plus avisés en profitent pour inspirer la crainte et se font passer pour ses délégués ; aussi vient-on les consulter même pour les entreprises les plus frivoles. Ces devins jouissent d'une grande autorité et doivent ce pouvoir à l'emploi du *piripiri*, composé de divers végétaux. Ils mâchent le piripiri et puis le lancent en l'air en prononçant des formules et des paroles sacramentelles dans le but de faire du mal à celui-ci et du bien à celui-là, demandant de la pluie et des inondations, ou du beau temps et d'abondantes récoltes ; le hasard permet-il que leurs prédictions s'accomplissent : leur autorité s'en accroît.

L'exercice de la médecine est entre les mains des devins; on ne peut nier qu'ils n'aient acquis par la pratique une certaine connaissance des plantes. Le malade grièvement atteint guérit rarement, et encore, dans ces cas exceptionnels, doit-il le recouvrement de sa santé à la force de sa constitution; mais ces devins opèrent parfois des cures merveilleuses : comme le surnaturel préside à toutes leurs actions, ils se servent d'enchantements et de charmes. Le mode de guérison le plus usité consiste à placer deux hamacs l'un près de l'autre, soit dans l'habitation, soit en plein air; l'un des hamacs reçoit le malade et l'autre est occupé par le devin. Ce dernier commence à se balancer, appelant par des chants aigus les oiseaux, les quadrupèdes et les plantes pour guérir le patient; de temps à autre il s'assied, décrit sur le visage du malade mille signes cabalistiques, lui administre ses poudres, lui applique ses simples, ou bien suce ses plaies. La souffrance augmente-t-elle; le devin rassemble tous les voisins et entonne une chanson adressée à l'âme du patient avec ce refrain : « Ne t'en va pas, ne t'en va pas. » L'assemblée répète en chœur les paroles du devin, et leurs cris redoublent à mesure que le malade décline, afin qu'il puisse les entendre. Lorsque tous les charmes sont impuissants et que la mort approche, le devin saute à bas du hamac et cherche, par une fuite précipitée, à se soustraire aux projectiles que lui lance la foule. Alors toute la tribu se réunit et se partage par groupes; puis, si le moribond est un guerrier, chacun s'approche de lui et lui demande : « Où vas-tu? pourquoi nous abandonner ainsi? Comment marcherons-nous sans toi à la rencontre de l'ennemi? » Et on lui rappelle ses exploits, sa valeur et les plaisirs qu'il est sur le point de quitter. Les uns élèvent la voix, d'autres parlent bas, et le pauvre agonisant doit supporter, sans se plaindre, de semblables importunités jusqu'à ce que, aux premiers symptômes de sa fin prochaine, les femmes l'entourent, lui ferment de force la bouche et les yeux, l'enveloppent dans ses vêtements, jettent sur lui tout ce qui leur tombe sous la main et hâtent ainsi ses derniers moments.

Les opinions sont partagées sur la question de savoir quel est le sort des âmes au delà du tombeau. Les uns se font une idée de la vie qui les attend dans l'autre monde d'après la vie qu'ils mènent ici-bas : ils se croient destinés à une existence pleine de jouissances matérielles; leur esprit borné ne conçoit pas de bonheur plus pur. Les autres admettent la métempsycose. Les âmes des guerriers, des caciques et des épouses fidèles passent dans le corps des animaux les plus estimés, tels que le tigre ou le singe ; aussi, persuadés que l'âme de leur père ou de leur chef habite le corps de tel ou tel singe, ils s'inclinent respectueusement devant lui et le vénèrent comme un patriarche.

Pour eux, il n'y a ni péché ni enfer.

Après la mort d'un Indien, un des membres de sa famille enveloppe le défunt dans ses vêtements, et l'enlève dans ses bras en poussant un cri qui est accompagné des sanglots de ses parents et des lamentations des vieilles femmes réunies pour la cérémonie funèbre. Leurs larmes coulent en abondance ; et, pour les sécher, les assistants frottent contre le sol leurs mains humectées de pleurs et les reportent aussitôt aux yeux qui conservent des traces de terre pendant la durée du deuil. Ces premières clameurs se terminent par mille libations et par la rupture de tout le mobilier du mort. Le décédé est-il un cacique ou un vaillant guerrier : ses funérailles se font avec plus de pompe et durent plusieurs jours ; la peuplade entière célèbre ses hauts faits au son des instruments et fait retentir l'air de ses gémissements le matin, à midi, le soir et à minuit. Ceux de la tribu imitent en outre les cris des divers animaux, noient leur chagrin dans la chicha et finissent souvent par incendier la demeure du trépassé avec tout ce qu'il possédait. Les plus proches parents se rasent la tête en signe de deuil.

Le jour même du trépas, on place le cadavre dans un grand vase qu'on enterre dans un coin de l'habitation, et la cérémonie achevée, on ne songe plus au mort.

Les Indiens s'occupent peu d'agriculture : la chasse, la pêche et la guerre sont leurs exercices favoris. Ils sont très-habiles à lancer la flèche, à manier la rame et à conduire une pirogue, mais la guerre est leur passion dominante.

Avant d'entreprendre une expédition armée, toute la nation est convoquée à un congrès général présidé par le cacique ou par le chef désigné de l'expédition. Les pipes s'allument, et des calebasses remplies de chicha circulent à la ronde dans l'assemblée ; dès qu'on commence à ressentir l'influence de l'ivresse, on délibère sur l'entreprise prochaine et sur la nation que l'on va attaquer : on déclare la guerre soit dans le but de piller, soit pour venger un affront. L'expédition une fois résolue, le devin doit s'astreindre à un jeûne rigoureux ; il rompt tout commerce avec les hommes et se retire dans une cabane solitaire, d'où il ne sort qu'à moitié mort. Il est responsable de l'issue de la campagne ; en cas de succès, il reçoit mille éloges et la meilleure part du butin ; mais si l'expédition échoue, on l'accable de malédictions et de mauvais traitements. Les indiens marchent au combat couverts de leurs plus riches parures et se frottent préalablement les yeux avec du piment, afin de rendre leur vue plus perçante. Le général adresse une harangue aux guerriers pour les exhorter à la valeur et leur recommander la force d'âme, et il les conduit ensuite à l'ennemi. Quand les assaillants pensent être peu éloignés des villages qu'ils viennent attaquer, ils s'arrêtent et se forment en colonne. Le général leur adresse une seconde allocution pour enflammer leur courage : ils se préparent aussitôt à combattre et envoient des éclaireurs étudier le terrain et reconnaître le sentier qu'il faut suivre. Au retour des éclaireurs, ils s'avancent dans un profond silence et s'élancent sur les habitations de l'ennemi en poussant des cris étourdissants; ils mettent le feu aux maisons et égorgent tous ceux qu'ils rencontrent, ils n'épargnent que les enfants qui sont emmenés en captivité. Rassasiés de sang et chargés de dépouilles, ils regagnent leurs pueblos, emportant les têtes des ennemis qui ont succombé sous leurs coups.

Les assaillants ont presque toujours l'avantage; mais quelquefois la peuplade attaquée court se réfugier dans les bois, les guerriers se rassemblent, marchent contre les agresseurs et les repoussent. Lors même qu'ils restent maîtres du champ de bataille, ils détruisent leurs demeures et vont fonder plus loin un nouvel établissement.

Le vainqueur envoie un messager annoncer son triomphe à sa nation. Les guerriers, à leur retour, sont comblés de louanges en raison du nombre de têtes qu'ils rapportent : ils arrachent les dents pour leurs colliers et suspendent les crânes dans leurs maisons en signe de trophée. Ils se réunissent chez le cacique pour célébrer leur victoire par des chants, des danses et des libations répétées. Au jour fixé, les guerriers se rendent en armes à la porte de leur chef, tenant par la chevelure les têtes desséchées de leurs ennemis; ils feignent de vouloir prendre d'assaut la demeure du cacique, reculent comme s'ils avaient été repoussés, et, à la troisième tentative, ils entrent tous et se rangent en cercle; les danses commencent aussitôt, ainsi que les chants qui vantent la bravoure du vainqueur et reprochent aux vaincus leur lâcheté et leur incurie. Ces fêtes ne cessent qu'avec l'entier épuisement des boissons fermentées.

Les Campas-Antis habitent les bords de l'Urubamba depuis l'hacienda d'Hillapani jusqu'au confluent de l'Apurimac, et principalement les étroites vallées qui y aboutissent, quand elles sont arrosées par un cours d'eau.

Ils sont robustes et bien faits, doux et hospitaliers, très-enclins à l'inconstance et à la paresse : étant très-nonchalants, ils sont sédentaires. Comme tous les sauvages, ils sont naturellement voleurs : laissez de petits objets à leur vue, ils auront bientôt disparu. Peu d'Européens ont visité leurs solitudes ; aussi l'arrivée d'un étranger est-elle pour eux un événement inouï et excite-t-elle au plus haut degré leur curiosité; la grande nouvelle se répand avec la rapidité de l'éclair, et vous avez à peine touché le rivage que vous êtes entouré de toute la tribu. Votre personne, vos vêtements, votre pirogue et ce qu'elle contient, tout les frappe d'étonnement, les comble de surprise : semblables à ces enfants nouvellement en possession d'un jouet jusqu'alors inconnu, ils témoignent leur joie par des rires bruyants et par de naïves exclamations. Ils vous invitent ensuite à venir prendre place à leur foyer et vous présentent des calebasses pleines de chicha de manioc. Avant de vous rembarquer, donnez-leur quelques aiguilles, des miroirs ou des perles, et leur bonheur n'aura plus de bornes.

Ils ne connaissent point la valeur de l'argent; quand on traite avec eux, c'est au moyen de haches, sabres, grelots, chapelets et autres objets semblables.

Ils comptent les mois par lunes et les saisons par la fleur des arbres. Au delà du nombre trois, ils calculent par comparaisons : ont-ils reçu plus d'objets que le nombre de doigts des mains et des pieds, ils ne peuvent plus compter et ils sont satisfaits.

Ils croient au diable, mais ils paraissent ne pas avoir d'autre religion ou plutôt leurs idées religieuses sont très-confuses. Ils n'ont ni prêtres, ni cérémonies du culte.

Ils vivent par familles; chaque famille obéit à un chef. Ils habitent à une certaine distance les uns des autres pour faciliter leurs moyens de s'approvisionner de chasse et de pêche.

Leurs maisons sont généralement au centre de leur champ ; elles sont construites en roseaux juxtaposés et affectent la forme ovale ; le toit est de paille ; l'entrée en est basse, et on n'y pénètre qu'en se courbant. La chaleur qui règne dans les tropiques ne nécessite pas un abri clos plus hermétiquement. Ils changent souvent de demeure : en voyage, ils couchent sous un carbet, toit improvisé à la hâte avec des pieux et quelques feuilles de palmier.

Ils dorment autour du feu sur des tapis de roseaux.

Leurs vêtements se composent d'une large chemise ou tunique, appelée sac, faite de deux pièces de tissu de coton, carré long, cousues ensemble de manière à ne laisser qu'une fente en haut pour la tête et une ouverture latérale de chaque côté pour les bras. Ce sac est teint en rouge avec le roucou : ils pensent que cette teinture rend leurs vêtements plus imperméables à la fraîcheur de l'air extérieur.

Ils se peignent tout le corps en noir avec le *huitocc*, en ayant soin de donner à leurs pieds et à leurs mains une teinte plus foncée. Ils se barbouillent la figure de larges raies rouges et se colorient également le nez sur toute sa surface avec le roucou : ils croient se garantir ainsi, en partie du moins, des piqûres des moustiques si abondants dans leurs parages.

Pour préparer leur teinture de roucou (*achote*), ils cueillent des graines de cet arbre, les lavent et en expriment le jus dans l'eau, filtrent ce liquide et puis le font bouillir; il reste après l'évaporation un dépôt compacte de teinture de roucou qui est placé dans un tube de bambou.

Leur longue chevelure flotte sur leurs épaules; malgré l'emploi fréquent d'un peigne fabriqué par eux, leurs cheveux se dérangent sans cesse et volent au gré du vent, n'étant retenus par aucun lien. La plupart d'entre eux, hommes et femmes, se suspendent au cartilage du nez une pièce d'argent arrondie et convexe. Leur cou est orné de colliers de perles, de becs de toucans, de dents et d'ongles d'animaux; les femmes portent, en outre, des bracelets et des ornements de graines. Ils ont des couronnes de plumes pour leur tête et des parures en queues de toucans pour se mettre autour du corps; des dépouilles d'oiseaux disséqués se balancent sur leurs épaules. Ils placent sur leur dos un petit sac contenant leur pipe, leur peigne, et autres objets à leur usage.

Il est assez difficile de distinguer un homme d'une femme, parce que les deux sexes ont un vêtement semblable et que les hommes n'ont pas de barbe; le Campa s'arrache, au moyen de deux coquilles, le peu de poils qui lui poussent sur le corps. Cependant le sac de l'homme a des raies longitudinales, tandis que celui de la femme est rayé transversalement.

Ils ont plusieurs femmes; ils ne préludent à leur

mariage par aucune cérémonie. Quand un Campa demande une jeune fille pour épouse, le père lui livre sa future à l'âge qu'elle a lors de la demande, qui a lieu le plus souvent entre deux coupes de chicha.

Les femmes d'un même époux s'aiment entre elles : elles pleurent en voyant l'une d'elles délaissée.

Les Antis font un fréquent usage du bain qui semble pour eux de première nécessité ; en sortant de l'eau, ils vont se sécher près du feu, car le rhume est une maladie mortelle pour eux.

Ils fument et prisent du tabac ; leurs pipes sont grossièrement travaillées. Ils réduisent en poudre le tabac vert, et, en remplissant un tube recourbé formé de deux os de singe, ils se font souffler ce tabac dans le nez ; il pénètre ainsi jusque dans le cerveau. C'est une expérience que je recommande aux amateurs, mais qui est dangereuse pour celui qui n'y est pas habitué : un Européen qui l'a tentée est resté évanoui plusieurs heures consécutives. Ils calment leurs douleurs d'estomac en suçant du tabac bouilli avec du coton ; au moyen d'un petit bâton ils prennent un peu de ce remède, qu'ils conservent dans un tube de roseau. Ils mettent aussi de ce coton dans les cavités de leurs dents malades.

Ils se nourrissent de perroquets, de poisson, de maïs, d'escargots et de riz ; le singe et la *yucca* ou racine de manioc sont les deux mets qu'ils préfèrent. Ils boivent de la chicha de manioc dont ils sont très-avides. Ils ne mangent pas certaines espèces de gibier, par suite de leur croyance à la métempsycose; le tigre est un gibier pour eux, et ils ne considèrent pas comme tels le singe et le perroquet.

Ils élèvent aussi quelques poules, mais ce volatile est un objet de luxe chez le sauvage qui ne s'en sert pas pour sa nourriture, le regardant comme un animal immonde.

Ils mangent et boivent dans des calebasses, et fabriquent des cuillers avec des crânes de singe. Leurs ustensiles de cuisine sont des poteries ornées de dessins, peintes avec le huitocc ou le roucou; ces vases sont vernissés avec le copal.

Ils ont leurs plantations de bananiers, de papayers, de tabac, et cultivent le maïs, le manioc, le *camote* (pomme de terre douce) et la canne à sucre. La terre du champ est préparée par la femme, le mari se contente de planter; il emmène au champ la préférée, laissant les autres femmes au logis, quand le champ n'est pas contigu à l'habitation.

La tâche des femmes consiste à tisser les sacs, à faire la chicha et la cuisine. Elles cuisinent toutes, et chacune apporte un plat à son époux. Le soir, elles travaillent à la clarté d'un petit feu.

Les Campas ont une véritable passion pour la chasse et pour la pêche; ils se servent de flèches et de filets et atteignent leur proie avec une habileté incroyable. Ils se fournissent aussi de poissons en empoisonnant de petits cours d'eau avec le barbasco; cette racine vénéneuse engourdit le poisson qui vient surnager à la surface de l'eau; montés dans leurs pirogues, les Indiens les prennent facilement à la main par milliers.

Au retour de la chasse, le mari en livre le produit à la préférée qui partage avec les autres femmes.

Les chiens des Antis ont les oreilles droites; c'est une race particulière. Pour les dresser, ils mélangent du piment et de la boue avec une certaine herbe, et au moyen d'un os de singe ils introduisent ce mélange dans le nez des chiens; cette opération a pour résultat de les empêcher d'aboyer. Cette boue doit être récoltée sur le tronc des arbres, où elle a été déposée par les sangliers qui sont venus s'y frotter après s'être vautrés dans la fange. Ce mode d'éducation singulier est ici consigné avec soin pour ceux qui voudraient l'expérimenter.

Les détails concernant l'accouchement des femmes sont assez extraordinaires : quand l'Indienne est sur le point de mettre au monde un enfant, elle quitte le domicile conjugal et se retire à une petite distance de l'habitation. Pendant le temps des couches, le mari reste étendu sur son lit de roseaux, ne s'occupant nullement de son épouse qui est soignée par les autres femmes. Celles-ci lui portent la nourriture et de l'eau chaude; elle se lave avec cette eau pour faciliter l'enfantement. Débarrassée de son fardeau, la nouvelle accouchée fait une ablution avec le huitocc, fruit sauvage fort astringent. Elle rentre ensuite à la maison, change de vêtement et s'accroupit près du feu; jusqu'à son entier rétablissement, personne ne se meut dans la demeure afin de ne pas irriter son nombril. Lorsqu'elle met au jour deux jumeaux, celui qui naît le second est enterré vif comme étant le fils du diable; le premier né seul est fils de l'homme.

La mère élève elle-même sa progéniture; à l'âge de cinq ans, on enseigne aux enfants mâles à nager et à tirer de l'arc; ces leçons commencent à la nouvelle lune; on choisit pour but un tronc de bananier, et quand la flèche atteint l'arbre désigné, on l'y laisse jusqu'au lendemain. L'éducation des filles comprend le tissage et la cuisine.

Chez les Campas, les médecins sont des charlatans qui spéculent sur la crédulité publique : ceux qui emploient le *camalampi* pour soigner leurs malades sont surtout respectés. Le camalampi est une plante grimpante; on la coupe en morceaux, on la fait bouillir et on obtient une purgation très-énergique. Quand un malade a pris cette boisson, il est ivre, la tête lui tourne, il croit traverser l'air en volant, il est en proie à d'étranges visions, il s'imagine voir un *marinanqui*, homme barbu, objet du culte de sa nation; pendant la durée de cette hallucination, tout ce qu'il se figure entendre de la bouche de cet homme est pour lui un article de foi. Ces médecins exercent leur art en chantant; ils boivent le camalampi avec celui qu'ils soignent, et, après avoir approché la bouche de la partie malade, ils rendent un os ou un morceau de bois de fer (*chonta*) et persuadent à l'Indien que sa souffrance n'avait pas d'autre cause; celui-ci se laisse persuader et guérit. Le prix de la guérison est une hache, des verroteries ou des couteaux : tout ce que le médecin réclame, il l'obtient, les sauvages croyant que ce dernier a la puissance de leur donner les maladies qu'il guérit. La cure se fait de nuit et dans l'obscurité, sans que personne soit admis à y assister; si la demeure du malade n'est pas isolée, le médecin ordonne d'éteindre les feux dans les maisons voisines. Le mystère dont ces charlatans environnent l'exercice de leur art réagit sur l'esprit faible et ignorant de l'Indien, dont l'aveugle confiance est le meilleur remède à ses maux.

Quand une personne meurt de maladie, on brûle le cadavre; sinon, on le jette dans la rivière. Après la perte d'un parent, le Campa se rase la tête en signe de deuil. La maison du défunt est abandonnée, mais on conserve ses armes et ses ustensiles de cuisine. Un tigre vient-il rôder autour d'une cabane délaissée par suite de décès : ces sauvages s'imaginent que c'est le défunt qui rôde autour de son ancienne demeure.

Lorsque deux Campas en viennent aux mains, personne ne se mêle du combat, et les femmes pleurent. Ils ne connaissent pas le coup de poing, ils se saisissent par les cheveux ou par les bras et se frappent contre terre.

Entre eux tout est commun ; celui qui reçoit l'hospitalité prend chez son hôte tout ce dont il a besoin, à charge de réciprocité dans l'occasion. Quand, en voyage, ils arrivent à la demeure d'un autre Indien, le plus âgé de la troupe, ses flèches et son arc à la main, se place en silence à la porte, ayant ses compagnons derrière lui ; aussitôt le maître de la maison s'avance vers le chef et lui adresse la parole, puis il parle à chacun de ses compagnons. Les autres personnes de la famille viennent ensuite causer avec chacun des nouveaux arrivés, en ayant soin de s'adresser d'abord au plus âgé. Le maître de la maison invite alors les voyageurs à entrer, on leur passe à la ronde de la chicha et on leur donne à manger, en servant le chef toujours le premier. Quand dans la troupe il y a des femmes, ce sont elles qui font la cuisine ; à cet effet, elles prennent tout ce qui leur est nécessaire pour préparer le repas.

Les Campas se voient beaucoup, et ils restent en visite tant que la chicha n'est pas épuisée. Entre voisins ils s'invitent souvent, quand ils ont une provision de chicha. Ils n'ont pas de fêtes, ils n'aiment pas la danse ; leurs chants sont lugubres et monotones ; le tambour et la flûte sont leurs seuls instruments de musique.

Telles sont les mœurs de ces sauvages, mœurs étranges sans doute, surtout pour celui qui ne comprend pas d'autre existence que celle qu'il mène, qui ne connaît pas d'autre horizon que celui de sa ville natale; mais l'esprit sérieux recherche les causes et approfondit les matières soumises à son examen; il ne néglige ni l'étude, ni la réflexion, et il explique la différence des mœurs entre les nations par l'influence des climats et par les besoins qu'ils font naître.

L'Européen, chez lui, raille sans mesure quiconque n'imite pas son genre de vie; mais, sous d'autres latitudes, il prête à rire à son tour, s'il conserve les allures et les mœurs de sa patrie.

Dans le tableau que j'ai présenté des mœurs des tribus sauvages de l'Ucayali, j'ai cherché la vérité avec soin, je n'ai fait que retracer fidèlement ici ce que j'ai vu et ce qu'on m'a raconté de ces nations. Quant à la destinée future de ces races indiennes, il serait téméraire de vouloir l'indiquer. Doivent-elles disparaître devant la civilisation ou participer à ses bienfaits? La Providence prononcera.

CHAPITRE VIII

Retour au Cuzco par Mollepata et Limatambo. — Choquiquirao.

Des expéditions antérieures, notre excursion jusqu'à Chirumbia, nos visites aux premières tribus sauvages et les renseignements obtenus de M. Maldonado et du padre Forjas, rendaient presque sans intérêt pour notre voyage la descente du rio Ucayali jusqu'à l'Amazone. Le projet que nous avions formé d'explorer, dans ces régions, un pays où aucun voyageur n'avait encore pénétré, nous souriait davantage au point de vue de l'utilité et de la science. Dans six semaines commençait la saison des pluies, dont la durée est de quatre à cinq mois dans l'intérieur; aussi, afin de profiter des derniers beaux jours, nous avions hâte de regagner le Cuzco.

Pour ne pas revenir par le même chemin, nous rentrons dans l'ancienne capitale des Incas par Mollepata et Limatambo. Après avoir traversé de nouveau les haciendas de Messapata et de Santana, nous suivons la même route jusqu'au pont de Chavillay, où bifurquent les chemins de Huiro et de Huasquinia. On s'égare facilement au Pérou, à moins d'avoir un guide connaissant bien le pays, et le peu d'habitants que l'on rencontre rend difficile de retrouver la bonne voie quand on l'a perdue; en voici la preuve : un sentier très-frayé se présente devant nous; nous croyons, en le suivant, nous conformer aux indications données ; pendant trois heures nous gravissons une côte escarpée dont rien n'annonçait la fin. Le mulet de charge, amaigri par un long trajet, piqué par les chauves-souris qui pullulent dans la vallée, affaibli par la perte de son sang, cheminait lentement et péniblement derrière nous; tout à coup il se couche, harassé de fatigue, pour ne plus se relever, et nous eûmes le regret d'abandonner ce vieux serviteur qui nous avait rendu tant de services. Le domestique mit la charge du mort sur sa mule et continua la route à pied. La pluie tombait depuis le matin; nos ponchos de laine et tous nos vêtements étaient transpercés; nous désespérions déjà de pouvoir faire marcher nos mules de selle, quand nous apercevons une masure à quelques mètres de nous. Dans l'espérance de rencontrer un guide, je saute à bas de ma monture, en un bond j'atteins cette cabane; deux Indiens l'habitaient; nouvelle déception, ils ne comprenaient pas un mot d'espagnol; alors moitié par signes, moitié en langue quichua d'une pureté douteuse, je cherchai à leur expliquer qu'étant égaré je désirais aller à Huasquinia; ce ne fut pas sans peine, malgré des offres d'argent, que je réussis à décider l'un d'eux à me remettre dans le bon chemin. Enfin des sentiers de traverse nous conduisirent, en deux heures, à l'*estancia* de Sapamarca. Le locataire de cette dépendance de Huasquinia se livre à l'élève du bétail; le tigre est ici, comme à Hillapani, un fléau redoutable pour les troupeaux.

Quatre lieues nous séparaient encore de Huasquinia, nos mules avaient besoin de repos, et il fallut nous résigner à passer la nuit à Sapamarca. En l'absence du propriétaire, sa femme nous fit gracieusement les honneurs de sa maison. Le lendemain, nous nous dirigeons vers Huasquinia : le chemin n'est qu'une série de montées et de descentes sans interruption; les arbres sont rares; une grande herbe recouvre tous les cerros environnants; de vigoureux aloès et des ananas sauvages se montrent de toutes parts en abondance.

Je signalerai ici un fait qui se reproduit souvent pour les voyageurs dans ces contrées: c'est la difficulté de rattraper les mules, quand il n'y a pas de pâturage fermé. On est obligé d'attendre des heures entières que l'arriero soit parvenu à les rejoindre; lâchées le soir dans les herbages, elles cheminent parfois toute la nuit, broutant çà et là, et vont d'autant plus loin que l'herbe est plus rare. Que de contre-temps de ce genre dans nos excursions ! On ne pense plus alors ni aux beautés du paysage, ni aux sites pittoresques, ni aux agréments des voyages; on maudit mille fois le jour où l'on a abandonné toutes les commodités de la vie pour courir au-devant des contrariétés et des souffrances; on se dépite, on se décourage. Mais que l'arriero reparaisse suivi des mules indociles, toute peine est oubliée, la gaieté et la bonne humeur renaissent, et on part le cœur plein d'espérance.

L'hacienda de Huasquinia a quatre-vingts lieues de circonférence : elle appartient à M. Vargas. Ce riche négociant du Cuzco nous fit voir tous les détails de son exploitation avec une extrême obligeance. On n'y cultive que la canne à sucre; l'eau-de-vie en est le principal produit : chaque jour, on distille 60 arrobes de cañaso. Les bâtiments où se fabrique l'eau-de-vie sont les plus vastes et les mieux disposés que j'aie visités au Pérou. Cette hacienda comprend des terrains incultes et des pâturages loués à des tiers pour l'élève du bétail.

Les pâturages des montagnes de la vallée de Santana et des vallées environnantes sont utilisés pour engraisser des troupeaux de bœufs destinés à la boucherie; ils sont sous la garde de *vaqueros* ou vachers qui les réu-

nissent, une fois par semaine, autour de l'estancia [1].
Montés sur d'étiques chevaux, les vaqueros les poursuivent, le *lazo* à la main, et les poussent vers le *coral*,
enclos où le propriétaire compte son troupeau, marque
les jeunes veaux et retient les bœufs les plus gras et
bons pour la vente. On a imaginé, pour attirer le bétail,
un stratagème qui réussit à souhait; on sait que la race
bovine est très-avide de sel : on a soin d'en placer de
gros blocs près du coral, et les animaux viennent souvent d'eux-mêmes satisfaire leur goût pour cet alcali.
L'élève du bétail se fait plus en grand au Chili et surtout dans les vastes pampas de la République-Argentine;
dans ces deux pays on sale la viande [2], on la sèche au
soleil, et on l'exporte ainsi préparée pour les Antilles, le
Brésil et l'Amérique du Nord.

A la sortie de Huasquinia, le chemin de Yanama est
très-montueux. Jusqu'à Totora, hacienda *de ganado* [3],
le pays est boisé et la nature est assez riche; on remarque la fougère en arbre, les bambous, les fuchsias
et mille autres plantes tropicales. Nous laissons nos
mules à Totora pour quelques jours et nous empruntons
des bêtes fraîches pour aller à Yanama. La petite Cordillère que nous avions à franchir n'a rien d'imposant
ni de pittoresque ; un fort brouillard nous masquait la

1. C'est une hacienda où l'on élève du bétail.
2. Au Chili, on se contente souvent de sécher la viande au soleil sans la saler.
3. L'hacienda de ganado se nomme aussi estancia et *vice versâ*.

vue des environs, et la neige, poussée par le vent, nous cinglait le visage et nous aveuglait. Une croix plantée au sommet indique la limite de ce séjour des frimas. Le sentier suit alors une quebrada aride et désolée; enfin nous apercevons un pauvre rancho : c'était l'hacienda de Yanama, affermée par M. Angel Oriusta pour y élever du bétail. Les trois quarts de l'habitation venaient d'être la proie des flammes ; en cet endroit, la quebrada est très-étroite ; de hautes montagnes entourent le rancho et cachent dans les nuages leurs cimes chargées de neige.

Les mines de plomb argentifère de Mayuyog sont situées, en face de Yanama, dans les cerros d'Urpepata et de Chungana, au fond d'une gorge très-resserrée et couverte d'arbres ; elles sont exploitées par un Français, M. Barberet. On compte quarante bouches de mines ; le filon de plomb argentifère a plus d'un mètre d'épaisseur ; le minerai de plomb est mélangé avec le zinc, le fer et le cuivre. Les fourneaux de fusion étaient à peine achevés ; M. Barberet se disposait à les essayer. Je crains que la réussite ne réponde pas à l'attente du propriétaire ; je l'apprendrais avec d'autant plus de peine que notre compatriote perdrait ainsi une fortune qu'il a acquise courageusement au Cuzco par son travail.

Les ruines de Choquiquirao, antique ville du temps des Incas, existent à cinq ou six lieues de Yanama, où nous nous étions rendus dans l'intention de les visiter. Cette excursion ne fut pas heureuse. M. Tejada, ancien préfet du département du Cuzco, avait, quelques années auparavant, pénétré jusqu'à ces antiquités ; mais ses guides avaient depuis succombé, victimes d'une épidémie qui avait désolé tout le pays. Il n'existait plus qu'un vaquero qui, tout jeune, y avait accompagné son père et M. Tejada ; néanmoins, nous ne voulûmes pas renoncer à notre expédition. On connaissait la direction dans laquelle se trouvait l'emplacement de Choquiquirao, mais on ignorait les moyens d'y parvenir. Il fut décidé que nous emmènerions trois guides ; M. Oriusta consentit à nous donner trois vaqueros et leur recommanda de nous conduire le mieux qu'ils pourraient. Selon la coutume, les Indiens exigèrent à l'avance le prix de leurs services; le salaire à peine touché fut converti en totalité en cañaso ; ils passèrent le jour à s'enivrer et la nuit à danser. Le lendemain, lors du départ, nous eûmes beaucoup de mal à réunir nos trois guides ; les Indiens ont une sainte horreur qui les empêche d'aborder les lieux qu'ont habités leurs aïeux : aussi les femmes de nos guides se laissèrent aller au plus vif chagrin, dans la persuasion qu'elles ne reverraient plus leurs maris. Sur les onze heures, tout fut prêt pour le départ, nous emportions chacun sur les épaules pour six jours de vivres. La première journée fut peu fatigante, la route était tracée ; mais, le lendemain, pas le moindre sentier, nous marchons à l'inconnu. Nous descendons d'abord un cerro à pic pour escalader ensuite un autre cerro qui s'élevait, en face de nous, sur la rive droite d'un ruisseau torrentiel coulant au fond de la quebrada. Nous employons quatre heures à la descente, en nous laissant glisser sur l'herbe qui tapissait le flanc incliné de la montagne ; nous faisons une halte d'une demi-heure sur le bord du torrent pour prendre quelque nourriture qui consistait en grains de maïs grillé. La partie boisée, que nous traversons ensuite, nous présente mille obstacles qui retardent notre marche ; les branches et les broussailles formaient un fourré impénétrable ; sans cesse il fallait avoir recours au sabre pour ouvrir un passage ; le poids de nos provisions, 35 à 40 livres environ, nous incommodait beaucoup. A mi-côte, sur une pente des plus escarpées, le pied nous manquait souvent, et nous risquions de rouler dans le torrent; dans les endroits découverts, le sol était si glissant que nous avancions avec plus de difficulté encore. Vers le soir, les Indiens nous déclarent qu'il faut encore quatre à cinq jours pour atteindre Choquiquirao, en admettant qu'il n'advienne aucun incident fâcheux ; qu'avant cinq jours, disent-ils, nos vivres seront épuisés et que nous n'aurons aucun aliment pour le retour. Toute trace du sentier ouvert par M. Tejada était effacée, et nous nous exposions à des dangers véritables sans certitude de réussite. Je n'avais pas une confiance illimitée dans ces guides payés d'avance; je craignis qu'ils ne profitassent de la nuit pour nous abandonner; le succès de mon entreprise me paraissait, plus que jamais, fort hypothétique, j'écoutai donc la voix de la prudence et me résignai, bien à regret, à retourner sur mes pas. En persévérant dans mon projet, j'engageais ma responsabilité : accompagné de mon frère, je ne voulais pas encourir le reproche de témérité. Nous regagnons, à grand'peine, le lit du torrent et nous nous établissons sur les galets pour prendre notre repas et passer la nuit. Nous allumons un grand feu afin d'écarter les ours, fréquents dans ces parages, et de repousser, autant que possible, les insectes nocturnes; malgré la fumée, les moustiques nous piquaient sans répit avec un tel acharnement, que je comptai sur une seule main plus de deux cents piqûres. Le sommeil fut rare et agité, je me réveillai avec la fièvre.

Toute une journée nous fut nécessaire pour escalader la montagne que nous avions mis quatre heures à descendre. Un soleil ardent tombait d'aplomb sur nos têtes; nous avions quitté nos chaussures pour avoir le pied plus sûr et éviter les chutes; la fièvre, qui m'accablait le matin, avait redoublé, et je désespérais de parvenir au sommet; nos efforts continuels pour nous accrocher aux roches et aux touffes d'herbes avaient achevé d'épuiser nos forces. De temps à autre, une gorgée de détestable eau-de-vie de canne ranimait quelque peu notre énergie et notre courage. Nous touchons enfin au sommet de la montagne; une hutte d'Indien, bâtie sur la hauteur, s'offre à nos regards à peu de distance; l'espoir renaît, nous entrons, nos couvertures de suite étendues nous offrent un lit improvisé qui paraît excellent après les fatigues de la journée.

Le lendemain, nous étions de retour à Yanama ; rien ne nous retenait plus dans cette hacienda, et nous nous préparons à reprendre le chemin du Cuzco.

J'ai appris de M. Tejada que Choquiquirao était sur le bord de l'Apurimac, mais à une grande élévation au-dessus du fleuve, la rive étant fort escarpée en cet endroit. Il paraît qu'on distingue assez bien les rues et les maisons; des arbres et des arbustes encombrent ces ruines qu'ils enlacent de tous côtés, et il est à craindre que les plantes vigoureuses qui croissent sur les murs mêmes des maisons ne finissent par tout dégrader. M. Tejada a observé que les fenêtres des maisons avaient la forme de demi-arcs. A deux époques différentes, quand le sentier existait encore, MM. de Sartiges et de Lavandais, plus heureux que nous, ont visité Choquiquirao avec l'ancien préfet du Cuzco.

Entre Yanama et Mollepata, la route ne présente rien de remarquable que le passage de la Cordillère, au port[1] de Saint-Quentin. Il faut aller en Amérique pour

---

1. Dans la Cordillère, on appelle col ou port le passage rétréci d'une montagne.

observer la netteté de la ligne de démarcation qui existe entre la région où l'herbe croît seule et celle où les arbres peuvent pousser ; la montagne est boisée à sa base et jusqu'à une certaine hauteur seulement, la partie supérieure est entièrement dénudée, et les arbres placés sur la limite extrême forment une ligne droite parfaite. Ici Dieu a posé une limite à la végétation, comme il l'a fait pour les flots de l'Océan.

La puna annonce le voisinage du port de Saint-Quentin ; c'est un des sites les plus grandioses que je connaisse et un des plus beaux tableaux de nature désolée qu'il soit possible d'imaginer : d'immenses quartiers de roc gisent épars sur le sol, et des pics, couronnés de neige, se dressent de tous côtés ; on dirait une ville récemment dévastée par un tremblement de terre.

Mollepata et Limatambo sont deux gros pueblos qui se trouvent sur la route de Lima au Cuzco par terre ; les maisons des Indiens sont construites en briques cuites au soleil. Le chemin côtoie des plantations de canne à sucre dont l'aspect chétif atteste un sol peu favorable à ce genre de culture ou un climat peu propice.

A Mollepata, nous avions passé la nuit sous le toit d'un négociant pour lequel nous étions porteurs d'une lettre de recommandation. A notre arrivée, il s'était empressé de nous faire préparer un chupé très-pimenté, trop pimenté même pour des gosiers européens, et avait voulu fournir du fourrage à nos mules. Le lendemain, j'étais assez embarrassé de savoir si je devais m'acquitter en argent; j'avoue que je n'osai pas offrir une rémunération à l'hôte dont j'avais reçu un accueil si gracieux; je le remerciai donc, au moment du départ, de sa cordiale hospitalité; il m'accabla de protestations amicales et me souhaita un heureux voyage; mais quel ne fut pas mon étonnement en voyant mon domestique venir me réclamer une piastre pour solder notre dépense! C'était me décharger, à peu de frais, du poids de la reconnaissance.

Je saisirai cette occasion de parler de la composition de la société péruvienne, composition assez singulière pour mériter une mention spéciale. Au bas de l'échelle sociale figure l'Indien quichua; le cholo, descendant de l'Indien et du blanc, occupe déjà un degré supérieur; le blanc, ou celui qui passe pour tel, exerce sur ces deux classes une tyrannie sans contrôle. Parmi les blancs, au Pérou, surtout dans l'intérieur, il n'y a pas, comme en Europe, de distinction de caste ni de préjugés de naissance. C'est un peuple de commerçants, soumis aux lois de l'égalité; chaque citoyen de cette république se livre au commerce, possède en ville sa boutique, sa *tienda;* le juge et le fonctionnaire public sont marchands comme les autres. Les Péruviens ont souvent aussi une *chacra,* une hacienda, en un mot une propriété rurale. La vie de l'intérieur est très-monotone : elle s'écoule entre un comptoir et une orgie.

Chacun se rend chaque jour à ses affaires, il va à sa tienda ou à sa chacra, il se nourrit fort mal, cause de futilités, d'amour surtout, et médit beaucoup du prochain. Drapé dans un ample manteau, il promène son oisiveté sur la place publique en quête de nouvelles, ou, couvert de son poncho, il monte à cheval et va surveiller ses cultures. Le soir venu, il fréquente une ou deux maisons, et ces tertulias sont généralement une occasion de satisfaire sa passion pour les liqueurs fermentées; la soirée se passe à boire et à deviser des choses les plus frivoles. L'ignorance est profonde, et les personnes les plus riches de l'intérieur ne possèdent pas un seul livre; aussi les notions les plus élémentaires leur sont inconnues. Je me souviens d'avoir répondu à des questions d'une naïveté telle que je souris encore à leur seul souvenir.

Il n'y a pas de véritable pauvreté au Pérou; l'élévation des salaires rend les moyens de subsistance trop faciles à acquérir. Le riche propriétaire et le petit commerçant vivent de la même manière; au delà d'un certain luxe très-restreint, la fortune devient inutile par l'impossibilité de se procurer une existence plus large et plus opulente. Il en résulte une grande uniformité dans la vie des habitants de l'intérieur.

La moralité publique laisse beaucoup à désirer; les apparences ne sont même pas toujours respectées, le masque est une gêne, on le rejette sans en comprendre la nécessité. L'amitié n'est le plus souvent qu'un vain nom; tout le monde est un ami au Pérou, on y prodigue ce titre comme un mot vide de sens, on appelle *amigo querido* le premier venu. Éloignez-vous un peu; celui qui vous jurait amitié éternelle est le plus ardent à vous déchirer, et invente, pour vous nuire, les plus noires calomnies : vous n'êtes plus là pour vous défendre, il n'y a plus de ménagements à garder. Si les ennemis, face à face, se comblent de politesses et d'égards, ils s'en dédommagent bien quand ils se sont quittés.

La vieillesse, honorée à si juste titre en Europe, est privée, au Pérou, des hommages légitimes dus aux cheveux blancs; on la méprise, et elle est reléguée loin de tous les regards. Les enfants traitent indignement leurs vieux parents et semblent ne leur laisser que par pitié le coin le plus obscur de la maison paternelle.

Cette peinture de mœurs est le résultat des observations que j'ai faites pendant mon séjour à Mollepata, à Limatambo et dans les autres pueblos de l'intérieur.

Près de Limatambo, le voyageur s'arrête avec intérêt dans l'hacienda de Tarahuasi pour visiter les restes d'un palais du temps des Incas. Sur la route même, à droite, on voit un mur de sept pieds de haut contenant, dans son épaisseur, huit niches ou guérites sur une face et deux autres sur le retour; le reste du mur de ce côté est masqué par des masures qui y sont adossées : ce mur, bâti sur la seconde terrasse, soutient la troisième plate-forme. Celui de la terrasse inférieure sert de fondation aux bâtiments de l'hacienda, et son état de conservation est parfait : la face qui regarde Limatambo et celle de droite rappellent les beaux monuments du Cuzco, les autres faces sont détruites. Plus bas, une troisième muraille, tournée vers le pueblo, formait la première enceinte.

Après avoir satisfait notre curiosité, nous nous remettons en selle en toute hâte pour regagner le temps perdu, mais une montée très-rapide modéra notre ardeur, et, pour ne pas perdre nos mules, il fallut bien nous contenter de leur allure paisible. De la hauteur, l'œil plonge sur un pays très-montagneux et la vue est magnifique.

Nous laissons nos bagages en arrière, et nous allons dormir à Zurite, à six lieues de Limatambo. Le pays est très-marécageux en sortant de Zurite; une chaussée de trois lieues conduit à Iscuchaca. Nous avions encore quatre lieues à parcourir avant d'entrer au Cuzco; notre voyage dans la vallée de Santana avait été très-fatigant, et nous avions le plus grand besoin de repos et d'une nourriture plus substantielle. Les abords du Cuzco sont tristes en venant de Lima; néanmoins, le plaisir que nous causaient l'approche d'une ville et l'espoir d'une vie plus douce occupait seul notre esprit; la monotonie du chemin avait disparu, et nos yeux cherchaient à entrevoir les premières maisons de la ville du Soleil. Enfin le Cuzco nous apparut au fond de la vallée ; l'Indien qui nous accompagnait se découvrit par respect en apercevant la capitale de ses Incas et rejeta la coca qu'il avait dans la bouche.

Ainsi se termina notre expédition de l'Ucayali, qui devait être bientôt suivie de notre exploration des vallées de Paucartambo.

CHAPITRE IX

Expédition de Paucartambo et exploration du rio Madre de Dios.

Don Faustino Maldonado, nommé explorateur du rio Ucayali par une décision de la Convention nationale, revenait au Cuzco après avoir remonté ce fleuve depuis Sarayacu jusqu'à Hillapani; il avait amené de Santa Rosa des Chuntaquiros, avides de voir les merveilles qu'ils avaient entendu raconter de la ville du Soleil par deux sauvages de leur tribu qui y avaient accompagné M. Maldonado à sa première expédition. Ces Chunchos, habiles dans la navigation et dans la confection des pirogues, sont les plus entreprenants et les plus audacieux de tous les sauvages qui habitent les rives de l'Ucayali. Nous proposons à M. Maldonado de profiter de cette bonne fortune pour tenter une exploration à laquelle nous songions depuis longtemps : il s'agissait de descendre le fameux rio Madre de Dios jusqu'alors inexploré. Don Faustino accueillit favorablement notre proposition, et, comme il exerçait une grande autorité sur les Chuntaquiros, il leur demanda de nous accompagner dans notre périlleuse entreprise. La moitié d'entre eux accepta avec joie, et, selon l'usage du pays, ils reçurent de suite des haches, des couteaux, des miroirs et autres objets en récompense des futurs services que nous attendions de leur concours.

L'obstacle qui jusqu'alors s'est opposé à l'exploration de ce fleuve vient du manque de rameurs et de charpentiers expérimentés dans la construction des radeaux et des pirogues; toutes les tentatives, antérieures à notre arrivée au Cuzco, avaient échoué par suite de cette circonstance ou par la difficulté de l'embarquement sur le fleuve.

La saison était peu favorable pour notre entreprise, mais l'occasion qui se présentait était unique, et la laisser échapper c'était manquer envers notre gouvernement à nos devoirs de voyageurs. Aussitôt je me rends avec mon frère à la préfecture du Cuzco, et j'expose au préfet notre résolution et le but du voyage ; il approuve notre dessein et nous promet sa protection auprès des autorités de Paucartambo. L'évêque du Cuzco, les divers fonctionnaires du gouvernement et les principaux habitants, ravis de notre projet, objet de leurs rêves les plus chers, nous félicitent de penser à l'avenir de leur pays. Nous pressons nos préparatifs qui furent terminés en peu de jours; nous emportons seulement du Cuzco nos effets et des objets de pacotille pour les échanges avec les sauvages; nos vivres et provisions ne devaient se faire qu'à Paucartambo. La fièvre retarda notre départ de trois jours; me sentant un peu mieux, je me levai et partis avec M. Maldonado et mon frère.

Malheureusement deux de nos Chuntaquiros s'étaient enfuis le matin : c'était un avertissement de veiller sur les autres, qui cherchèrent plusieurs fois à imiter leurs deux compagnons. Nous étions sur nos gardes nuit et jour; néanmoins, malgré toutes nos précautions, ils parvinrent à s'échapper pendant notre séjour à Paucartambo : heureusement nous pûmes les ressaisir.

Le 2 octobre, nous sortîmes du Cuzco avec nos mules chargées des bagages; mon frère s'occupait des arrieros et des charges, je surveillais les sauvages de concert avec M. Maldonado. La nuit nous surprend avant d'avoir atteint Oropesa, nous nous égarons au milieu de marécages, et ce n'est qu'après de vives émotions que nous retrouvons le chemin dans l'obscurité. A notre arrivée, tout le pueblo était plongé dans le plus profond sommeil; nos efforts pour avoir des vivres sont infructueux, et nous sommes obligés de nous étendre en plein air sur nos peaux de mouton sans avoir pris aucune nourriture.

Paucartambo est situé à 15 lieues du Cuzco, dans

une quebrada resserrée, sur la rive droite du rio Paucartambo ou Mapocho. Le sous-préfet nous installa à la sous-préfecture même, et deux Indiens armés de piques montèrent la garde à la porte, pendant tout notre séjour, pour empêcher la fuite des Chunchos. Notre expédition était un événement pour cette petite ville; notre entrée avait produit une sensation marquée dans la population. Tous les habitants étaient accourus pour voir défiler notre caravane : les Chuntaquiros, vêtus de longues robes rouges, présent du préfet du Cuzco, s'avançaient les premiers; venaient ensuite les trois membres de l'expédition; les arrieros suivaient avec les mules et les bagages.

Notre premier soin fut de nous occuper des préparatifs; le sous-préfet s'engagea à nous procurer le nombre d'Indiens et de mules nécessaires à notre exploration. En quatre jours nous avions réuni tous les éléments de notre voyage : nous emmenions neuf soldats pour nous protéger contre les flèches des sauvages, sept Indiens pour nous ouvrir un chemin dans les forêts vierges, et quatorze mules de charge sous la conduite de deux arrieros. Nous avions des vivres pour plus de deux mois, et nous comptions sur le produit de la chasse pour compléter nos provisions.

Deux de nos Chuntaquiros avaient pris au Cuzco le germe de la petite vérole qui y sévissait lors de notre passage, et ils succombèrent à cette maladie sous nos yeux ; tous nos soins furent impuissants pour les sauver. Ce spectacle effraya les autres ; ils commencèrent à pleurer et à nous conjurer de les laisser retourner dans leur pays. Notre surveillance redoubla ; néanmoins, une nuit, ils parvinrent à s'échapper : dès que cette nouvelle se fut répandue, on se mit à leur poursuite dans toutes les directions et on les rejoignit deux lieues plus loin. Ils voulurent résister d'abord et s'armèrent de couteaux ; mais, calmés par de douces paroles, ils furent ramenés à Paucartambo. Le retour des fugitifs dissipa nos angoisses, et la joie succéda au découragement.

Disons ici quelques mots sur le mode d'enrôlement des soldats ou plutôt des gardes civiques qui nous accompagnèrent. Le syndic se concerta avec le sous-préfet pour composer la liste de ceux qui feraient partie de notre escorte ; les neuf cholos une fois désignés, le syndic les fit comparaître, leur annonça leur prochain départ pour la vallée de Paucartambo, leur remit une somme pour se munir de vivres, et, si l'un des cholos se permettait quelque objection, il le frappait au visage, lui reprochant d'oser résister aux ordres supérieurs. Ce mode un peu brutal obtint un plein succès, et nos futurs défenseurs abandonnèrent, pour nous suivre, leurs métiers et leur famille.

La puissance exercée par le blanc sur l'Indien pur sang est encore plus extraordinaire : l'Indien obéit et ne réplique jamais, ou, s'il s'oublie jusqu'à répondre, il suffit de lui montrer un bâton pour triompher de toute résistance.

Le jour du départ, nous réunissons toute notre escorte sur la grande place de Paucartambo, et, en présence des autorités et des habitants accourus en foule, j'adressai à tous les gens de notre suite une courte allocution, où je leur rappelais les droits de vie et de mort qui m'avaient été conférés sur leurs personnes, leur promettant, s'ils remplissaient exactement leurs devoirs, de récompenser leur fidélité et leur obéissance et de punir sévèrement la moindre infraction aux injonctions de l'autorité.

La plus grande partie de la population nous accompagna jusqu'à la sortie du pueblo : des arcs de triomphe, ornés de tentures, de faveurs roses et de piastres, avaient été élevés en notre honneur; les enfants de l'école, un drapeau à la main, nous précédaient en chantant des hymnes et des cantiques sacrés; les femmes nous jetaient des fleurs et, s'approchant de nous, répandaient sur nos vêtements des eaux parfumées; les hommes nous apportent des cigares et veulent tous boire à notre santé et à la réussite de notre voyage. Trente cavaliers nous escortent et ne rentrent à Paucartambo qu'au coucher du soleil.

Le pays est assez triste jusqu'au port d'Acobamba; on franchit une petite Cordillère, et, après une descente rapide qui n'a pas moins de deux lieues, on est en pleine forêt vierge. Les sentiers, détrempés par la pluie, ne nous permettaient d'avancer qu'au pas ; souvent il fallait avoir recours au *machete* ou à la hache pour déblayer le chemin. Nous perdîmes une de nos mules qui roula avec sa charge dans le précipice ; ma mule de selle fit elle-même un faux pas en gravissant une côte escarpée et tomba dans le ravin d'une hauteur de dix mètres ; je n'eus que le temps de me précipiter à bas de ma bête qui se blessa assez grièvement, j'évitai ainsi une forte contusion. La pluie, qui ne cessait de nous contrarier depuis plusieurs jours, avait gonflé tous les torrents que nous avions à traverser ; nous craignions, chaque fois, d'être emportés par la rapidité du courant. Les piétons retroussaient leur culotte ou leur robe et passaient plusieurs ensemble, se tenant par la main ou s'appuyant sur de gros bâtons. Le Chirimayo nous opposa même une barrière infranchissable par suite de la crue de ses eaux ; vouloir traverser ce fleuve, c'était sacrifier nos mules et perdre nos bagages. Il devenait indispensable de jeter un pont sur le Chirimayo ; campés à une demi-lieue du torrent, nous couchions tous pêle-mêle, à la Cueva, dans un petit *rancho*, et chaque matin nous retournions à nos travaux. Je fis couper de grands arbres dans la forêt, et avec des cordes on les traînait péniblement jusqu'à la rivière. Quand on eut réuni les deux bords par quatre fortes solives, on plaça en travers des troncs de jeunes palmiers qui furent attachés aux solives au moyen de lianes. Le sixième jour, le pont était terminé, nous gagnions l'autre rive et nous couchions le soir à l'hacienda de San Miguel. Cette hacienda avait été abandonnée, un mois auparavant, après la mort de cinq Indiens qui avaient péri sous les flèches des sauvages et dont nous retrouvâmes les ossements ensanglantés ; je recueillis plusieurs de ces flèches sur le champ du massacre. On profita de notre expédition pour reprendre possession de cette plantation.

L'hacienda de San Miguel est située dans un pays entrecoupé de nombreuses collines couvertes de forêts vierges : la végétation est luxuriante et le sol d'une fertilité prodigieuse.

De San Miguel au lieu de l'embarquement il nous restait six lieues. Nous accordons un jour de repos à nos gens, et le lendemain nous partons, le fusil sur l'épaule et le revolver au côté, pour présider à l'ouverture d'un sentier à travers ces lieux inexplorés et protéger nos travailleurs en cas d'attaque de la part des Chunchos. Au reste, le sauvage redoute beaucoup l'arme à feu, et il n'attaque jamais le blanc qui est armé et sur ses gardes ; mais celui qui se néglige et qui se trouve isolé tombe souvent percé de flèches, victime de son incurie. Le sauvage vise au cœur et vise juste ; il guette sa proie, blotti dans le feuillage ; il est souvent près de vous, derrière un tronc d'arbre ou au-dessus de votre tête, sans que vous soupçonniez sa présence.

La saison des pluies était commencée dans la vallée, et la chaleur du soleil, qui se montrait pendant quelques heures, était insuffisante pour réparer les dégâts résultant de l'humidité excessive de ce climat. Nous couchions sur un sol détrempé, et nous conservions nos vêtements mouillés, toute la nuit, sans avoir les moyens de les sécher; nos vivres moisissaient, et la mauvaise nourriture que nous préparions chaque soir, de nos mains, altérait peu à peu notre santé. Ce genre de vie dura douze jours : notre sentier était achevé, le rio Madre de Dios était sous nos yeux; encore une semaine, et, notre pirogue construite, nous pourrions nous embarquer.

Nous retournons à San Miguel chercher nos bagages et les Chuntaquiros sur lesquels seuls nous pouvions compter pour descendre le rio Madre de Dios; mais, pendant notre absence, la petite vérole avait frappé si cruellement les Chunchos, qu'il ne nous restait plus, en état de nous accompagner, qu'un seul de ces sauvages dont le concours nous était indispensable pour construire des pirogues et en diriger la navigation. Un seul de ces Chuntaquiros ne pouvait évidemment nous suffire dans une expédition aussi longue et aussi périlleuse que celle que nous allions entreprendre. Cet événement nous affligea vivement, il ruinait nos espérances, et nos projets d'avenir s'évanouissaient au moment même où la fortune semblait sur le point de les favoriser. La vie des voyages est pleine de ces déceptions amères, auxquelles il faut savoir promptement se résigner sans se laisser abattre. De tous les cholos de notre escorte aucun ne voulut nous accompagner plus loin; la terreur que leur inspiraient les Chunchos l'emportait chez eux sur leur avarice naturelle, aussi les offres d'argent n'aboutirent à aucun résultat. Un de nos gardes civiques, craignant d'être emmené de force dans notre exploration, s'enfuit de nuit, et nous eûmes la douleur d'apprendre, quelques jours après, qu'il avait été dévoré par un tigre (jaguar). Dans ces circonstances critiques, il nous était impossible de passer outre : nous manquions de pirogues, nous n'avions plus de rameurs, la mort ou la maladie nous avait enlevé les éléments de succès que nous avions réunis avec tant de sollicitude. Un séjour plus prolongé dans ces contrées n'avait plus aucun motif; aussi, dès le lendemain matin, nous reprenions la route de Paucartambo.

Le majordome de San Miguel était un mulâtre de haute stature, à la chevelure noire très-abondante; deux grosses mèches de cheveux tombaient latéralement sur ses joues; son regard était faux et méchant. Il affecta d'abord de se montrer très-affable pour mon frère et pour moi; il nous laissa même espérer qu'il nous accompagnerait dans notre exploration, voulant, disait-il, partager notre gloire et nos dangers. Homme, plein d'énergie et d'une force corporelle prodigieuse, il pouvait nous être fort utile : c'est pourquoi sa proposition fut acceptée avec joie de notre part. Notre confiance, cependant, fut bientôt ébranlée, car lorsque nous l'interrogions sur les conditions qu'il mettait pour nous suivre, il évitait avec soin de nous répondre catégoriquement. Il se refusa à déclarer ses prétentions avant l'ouverture du chemin jusqu'au lieu de l'embarquement. Quand le moment fut venu de s'expliquer clairement, il parla enfin ; mais ses conditions furent si exorbitantes qu'elles étaient inacceptables. Il voulait recevoir immédiatement une somme d'argent importante, participer à tous les avantages qui pourraient résulter de notre expédition, être avec nous sur un pied d'égalité parfaite et partager tous les honneurs ; il désirait recueillir de la gloire, il avait la prétention de signer tous nos travaux. Nous fûmes exaspérés de ces exigences de la part d'un homme d'une ignorance telle, qu'un jour il me pria de lui enseigner combien il y avait de quarts d'heure dans une heure. Quand le mulâtre sut que l'entreprise allait échouer, il ne dissimula pas sa satisfaction, et, en parlant à voix basse à un ami digne de lui, il se félicitait de la bonne occasion qui se présentait d'avoir pour rien les provisions que nous ne pouvions remporter.

Ces exemples de duplicité et de convoitise sont malheureusement trop communs dans ces régions inhospitalières.

Il ne sera pas inutile, pour l'instruction du lecteur qui ignore les usages judiciaires de cette partie du Pérou, de mentionner une scène dans laquelle j'ai été acteur. Une des mules de louage qui avaient transporté nos charges était morte en roulant dans un précipice; l'arriero coupable de négligence nous accusa, pour se disculper, de l'avoir fait périr sous les coups. Mandé devant le juge de paix de Paucartambo, je rétablis la vérité des faits en présence de témoins qui confirmèrent ma déposition, et je me plaignis amèrement du sous-préfet qui nous avait fourni des mules étiques, incapables de supporter les fatigues d'un voyage dans la vallée de Paucartambo. L'exactitude des faits une fois reconnue, le juge adressa des reproches au sous-préfet et déclara dans sa sentence que je ne devais pas payer une bête victime d'un cas fortuit. Mais, vers quatre heures, je fus appelé près du juge de droit que le sous-préfet, dans son mécontentement, avait saisi d'une plainte contre moi pour me faire payer l'animal mort. Le juge de droit m'engagea à signer une promesse de ne pas quitter le pueblo sans avoir comparu devant l'autorité. J'objectai son incompétence et je résistai : on me retint prisonnier. Je protestai contre la violence commise sur la personne d'un citoyen français; mais comme ma liberté m'était indispensable sous le plus bref délai, je fus dans l'obligation d'apposer une signature, entachée du reste de nullité comme extorquée de force. J'informai immédiatement le juge de paix et le docteur Calderon, ancien député à Lima, homme riche et puissant, de la scène qui venait de se passer; ils me promirent leur appui, ils jurèrent que jamais ils ne consentiraient à ce qu'un étranger qui s'était dévoué pour le bien du pays payât un seul réal dans une affaire aussi inique; ils ajoutèrent qu'ils feraient plutôt une souscription et que, selon nos désirs, nous pourrions, dès le lendemain, quitter le pueblo. La souscription monta à cinq piastres (25 francs), et je ne recouvrai ma liberté qu'après avoir remis la somme de quatre piastres (20 francs) fixée par le juge. La noblesse des sentiments et le désintéressement sont aussi rares au Pérou que l'égoïsme y est commun; en général, l'habitant de l'intérieur est vantard, il promet monts et merveilles : mettez-le à l'épreuve, il recule devant ses promesses, et sa générosité sans bornes s'évanouit aussitôt.

Dans les annales péruviennes, la vallée de Paucartambo est célèbre et par la richesse de ses anciennes haciendas et par les désastres commis par les tribus sauvages qui l'habitent et qui viennent souvent ensanglanter le sol des plantations.

Elle était autrefois bien cultivée, et on y comptait cent soixante-quinze haciendas qui produisaient une quantité considérable de cacao, de café, de coca et de sucre. Les Chunchos venaient travailler dans ces plantations moyennant un salaire convenu à l'avance et consistant en haches, sabres et autres objets fort enviés des indigènes; mais les blancs ne tinrent pas leurs engagements et voulurent tirer profit, sans compensation, du travail de ces sauvages, dont la paresse excessive n'avait été vaincue que par le vif désir de posséder ces instruments si précieux pour eux. Outrés de la mauvaise foi des blancs et irrités des injustes traitements auxquels ils étaient soumis, ces sauvages, vindicatifs de leur nature, se révoltèrent et jurèrent haine et extermination aux Espagnols. Ils ne réussirent que trop dans leur vengeance, puisque de cent soixante-quinze haciendas deux seules restent debout aujourd'hui, et qu'il ne se passe pas d'année sans qu'il y ait mort d'homme. Si le gouvernement veillait plus activement aux intérêts du pays, il ne permettrait pas qu'une faible nation versât impunément le sang des sujets de la république, et il suffirait d'envoyer quelques soldats pour rendre à cette vallée son antique prospérité; le nombre de ces sauvages, dit-on, ne dépasse pas cinq cents : ils émigreraient devant la moindre résistance.

Les haciendas de San Miguel et de Cosnipata se procurent difficilement des ouvriers, ce qui se comprend dans un pays où une garde de soldats est indispensable pour défendre les travailleurs de l'attaque des sauvages. Les trois tribus les plus redoutables sont : les Huachipairis de Cosnipata, les Tuyuneris de Chaupimayo et les Serineris de Marcapata ; elles inquiètent souvent les Indiens des haciendas ; les Serineris ne font que de rares apparitions.

Notre expédition de Paucartambo avait pour but d'ouvrir, dans l'intérieur des terres, une voie de communication large, facile et peu coûteuse entre l'Amazone, le Brésil, le Pérou et la Bolivie, et d'éviter ainsi pour les voyageurs et les marchandises, qui pénètrent dans le centre de ces contrées, la circumnavigation de l'Amérique méridionale par le cap Horn. Cette voie de communication avec l'Europe serait le rio Madre de Diòs, dont le cours et l'embouchure, encore inconnus, ont donné lieu à bien des hypothèses. Explorer ce fleuve, déterminer son cours, juger sa navigabilité, étudier les productions de ses rives et de ses eaux, et éclairer ainsi la science en substituant le certain à l'incertain : tels étaient le projet que nous avions conçu, la tâche que nous nous étions imposée et le but qui nous avait paru digne de nos efforts.

La science géographique avait intérêt à cette navigation. En effet, cinq grands fleuves se jettent dans l'Amazone entre l'Ucayali et le Madeira ; aucun n'est exploré, et l'on ignore lequel de ces affluents du Marañon porte le nom de Madre de Dios à sa source, et si le rio Madre de Dios est même l'un de ces affluents. Il est des auteurs qui pensent qu'il porte le tribut de ses eaux au Paraguay, et non à l'Amazone : nous voulions dissiper ces doutes et mettre la vérité en lumière.

L'histoire est muette sur les résultats d'une émigration qui date de la vice-royauté de don Francisco de Tolède, et on ignore encore le sort des quarante mille Indiens qui allèrent fonder une colonie dans l'intérieur des terres, sous la conduite d'un descendant des Incas, frère de Tupac Amaru. Il eût été curieux de retrouver, sur les bords de ce rio, des descendants de la race incasique et d'étudier, à une source pure de tout mélange, une civilisation que les conquérants ont négligé d'observer, lors de l'invasion, avec ce mépris qu'ils affectaient pour tout ce qui n'était pas de l'or. Réparer cette négligence, c'était résoudre bien des problèmes.

Sous le rapport de la colonisation et du commerce, quel avenir brillant est réservé à ce pays si fertile, arrosé par de grands cours d'eau et relié ainsi par ces fleuves aux contrées les plus lointaines! Aujourd'hui la colonisation est impossible : une longue circumnavigation, un pénible voyage par terre, la Cordillère à franchir, des déserts à traverser, la difficulté des transports, de grandes dépenses, le manque de débouchés faciles, sont autant d'obstacles insurmontables; les tempêtes du cap Horn et les fièvres de Panama arrêtent l'essor de l'Européen. Mais que l'un des grands fleuves, qui se jettent dans l'Amazone, soit navigable, et la face des choses change aussitôt, les obstacles sont aplanis. Les bords du fleuve se peuplent peu à peu; des haciendas s'établissent sur chaque rive; la solitude reçoit la vie; les forêts improductives tombent sous la hache du bûcheron; des plaines incultes se couvrent, chaque année, de riches moissons; un service de steamers est organisé et correspond avec la ligne de bateaux à vapeur déjà établie sur l'Amazone; de nombreuses embarcations, chargées des produits les plus variés, sillonnent le fleuve; le bonheur des premiers venus attire une foule d'étrangers; l'émigration augmente avec la prospérité de la colonisation, et la destinée de ces contrées serait enfin réalisée. Les fruits de ce sol fécond ne se perdraient plus, faute de moyens de transport; la culture en grand enrichirait le colon, et ses récoltes, le café, le cacao, le sucre, arriveraient sur les marchés d'Europe en gagnant par l'Amazone l'océan Atlantique : atteindre ce but, ce serait rendre à l'humanité un service signalé.

Cette voie nouvelle offrirait également d'incontestables avantages pour l'importation des objets d'Europe à destination de l'intérieur du Brésil, du Pérou et de la Bolivie; les transports par eau sont peu coûteux, et les transports à dos de mule seraient, sinon entièrement supprimés, du moins fort abrégés. Depuis des siècles, le Cuzco et les provinces voisines appellent de leurs vœux les plus ardents cette ère d'avenir et de prospérité.

Qu'il me soit permis, puisque je viens de parler de colonisation, d'émettre mon opinion à cet égard. Le colon quitte presque toujours l'Europe, trompé par d'indignes agents, et se laisse égarer par des rêves impossibles à réaliser ; il croit amasser sur la terre étrangère de grandes richesses, sans aucune peine, tandis qu'au contraire il faut un travail opiniâtre et une volonté ferme pour réussir. Il est nécessaire de prémunir le colon contre le découragement qui le gagne en se voyant transplanté sur un sol vierge, couvert d'arbres gigantesques qu'il faut abattre et qui le forcent à un travail de longue haleine avant d'obtenir un résultat : deux ou trois années de peine et de fatigues trouvent, du reste, une juste récompense dans une aisance et un bien-être auxquels un pauvre artisan peut rarement aspirer en Europe.

La colonisation nécessite, pour prospérer, des hommes robustes, actifs et persévérants. Le colon doit être accoutumé à manier la hache et à travailler la terre ; quelques notions agricoles lui sont fort utiles, il est bon qu'il se fasse renseigner sur le genre de culture qu'il va entreprendre et sur le sol qui convient à telle ou telle plante, afin d'éviter les essais ruineux. Il est très-important que les émigrants soient mariés ; une famille est indispensable dans une plantation. La nourriture du pays et le climat éprouvent d'abord la santé du nouveau débarqué, mais c'est un malaise passager. Un terrain fertile, un climat salubre, une bonne eau et des débouchés faciles sont des conditions capitales pour l'avenir d'une colonisation. Le tort et l'erreur des agents européens ont été, jusqu'à ce jour, de recruter les colons parmi les mendiants, les malfaiteurs et les vagabonds, et de les éblouir par des peintures exagérées ; le succès, en cette matière, dépend bien plus de la qualité des émigrants que de leur nombre.

Je m'empresse de rentrer dans mon sujet et de donner ici les preuves alléguées à l'appui de l'opinion qui fait de la Madre de Dios et du Purus un seul et même fleuve. Je mentionnerai également l'avis d'un Péruvien qui croit que la Madre de Dios est le rio Yavari.

Les rivières Piñipiñi, Coñec, Araza, Cosnipata et Tono forment le majestueux rio Madre de Dios ou Mano. Du sommet de la Cordillère d'Acobamba, on voit ce fleuve se dérouler à perte de vue, comme un immense serpent, dans une vaste plaine couverte de forêts vierges. Tout porte à croire que la Madre de Dios n'est autre que le rio Amarumayu, que descendit l'armée, envoyée par l'Inca Yupanqui, pour aller subjuguer la nation des Musus (Moxos). Ce nom d'Amarumayu, en langue quichua, signifie fleuve du grand serpent et s'applique parfaitement à la Madre de Dios. Cette dernière dénomination est plus récente ; elle lui vient de ce que les Chunchos, ayant assailli l'hacienda de Cosnipata, enlevèrent la vierge Nuestra Señora de Candelaria et la jetèrent dans le rio Cosnipata : les flots la déposèrent sur une roche, située au milieu du fleuve, où elle fut trouvée par les chrétiens qui vinrent tirer vengeance du massacre de leurs frères.

On lit dans Garcilasso que l'Inca Yupanqui, dixième empereur du Pérou, envoya une armée de dix mille hommes à la conquête du pays des Moxos et que cette expédition s'embarqua sur le rio Amarumayu; les détails qu'il donne sur ce fleuve à cette occasion conviennent de tout point au rio Madre de Dios.

Entre l'Ucayali et le Madeira s'étend une vaste contrée, jusqu'alors inexplorée, au milieu de laquelle coulent cinq grands fleuves, tributaires de l'Amazone, dont les sources et la direction sont complétement inconnues ; ce sont : le Yavari, le Yutay, le Téfé, le Coari et le Purus. Il est avéré que le Béni, le Marmoré et l'Iténes forment le Madeira et que l'Apuparu ou Grand Paro est l'Ucayali. La Madre de Dios doit donc être l'un des cinq grands fleuves ci-dessus désignés, et c'est probablement le Purus.

En se rendant du Cuzco à la vallée de Paucartambo, on traverse l'Urubamba et le Mapocho. L'Urubamba a sa source dans la Cordillère de Vilcanota, baigne les villages de Tinta, Urcos, Calca, Urubamba, Santana, et, grossi du Vilcabamba et du Yanatili, il se réunit à l'Apurimac et prend le nom d'Ucayali jusqu'à l'Amazone. La même Cordillère de Vilcanota donne naissance au rio Mapocho ou Paucartambo, qui traverse successivement les pueblos d'Ocongate, de Paucartambo et de Challabamba. Le pic culminant de la Cordillère qu'on aperçoit dans la direction d'Oropesa est le pic d'Ausangati; à l'orient de l'Ausangati, prend sa source le rio Araza ou de Marcapata, qui, après avoir reçu divers affluents, se réunit à la Madre de Dios dans la vallée de Paucartambo.

On ignore encore quelle est l'embouchure du rio Mapocho. La carte du docteur Carrascon, publiée au Cuzco en 1802, en fait un tributaire du rio Béni. Le colonel Espinar prétend que le Mapocho, après s'être dirigé vers le nord-ouest, incline vers le nord-est, puis vers l'est, et se jette dans la Madre de Dios sous le nom de Piñipiñi. Selon ce même colonel Espinar, la Madre de Dios serait un affluent du Yavari. Cette opinion est partagée par les missionnaires d'Ocopa, qui ont navigué sur l'Ucayali au commencement de ce siècle; ils la fondent sur les renseignements obtenus des Piros et des Conivos, lesquels affirment qu'il existe, à l'est de l'Ucayali, un fleuve de la même largeur qu'ils appellent Cuja et que les Brésiliens nomment Yavari; il serait formé, selon leur assertion, de la réunion des rivières de Paucartambo, de Marcapata et de Carabaya.

Le Yutay, le Téfé et le Coari sont des affluents de

l'Amazone ; les géographes ne sont d'accord ni sur le pays qu'ils traversent, ni sur celui où ils prennent leur source.

Le Purus se jette dans l'Amazone par quatre embouchures, et tout fait présumer qu'il est navigable ; cette supposition repose, ainsi qu'on l'exprimera, sur des données et des observations scientifiques. Si de grands rochers obstruent la navigation de plusieurs de ses embouchures, il est peu vraisemblable que l'une d'elles n'est pas libre de ce genre d'obstacles. En outre, certains géographes font communiquer le Purus et le Madeira par un bras latéral. Don Tadée Haenke, voyageur célèbre, qui s'est occupé de ces questions, avance, dans un mémoire écrit sur ces matières, que le Purus est un fleuve de premier ordre, qui ne serait pas inférieur au Marañon lui-même, s'il fallait en croire les sauvages ; car personne encore n'a pu déterminer sa source. Les sauvages Chuntachitos, Machuvis et Pacaguaras qui vivent à l'ouest des missions d'Apolobamba, en Bolivie, lui assurèrent que dans la direction du couchant, à une dizaine de journées de marche des rives du Béni, coulait un fleuve considérable au milieu des forêts vierges. Ils expliquaient fort clairement que leurs familles habitaient près du Béni, et que cet autre fleuve, qu'ils appelaient Mano, était plus large et plus volumineux que le rio Béni. Comme entre l'Ucayali et le Madeira, l'Amazone ne reçoit aucun autre fleuve de cette importance, je vois là des motifs plausibles de penser que le Purus et le Mano ne sont qu'un seul et même cours d'eau, et que la différence des noms vient de la diversité des tribus qui en peuplent les bords et qui lui attribuent chacune un nom particulier.

Un missionnaire franciscain, Alvarez de Tolède, pénétra chez les Chunchos par la vallée de Carabaya en 1664, et, dans les années subséquentes, il s'avança au nord jusqu'à la nation des Toromonas : ce sont ces sauvages qui, dociles à la voix des religieux, quittèrent leurs forêts et peuplèrent, en Bolivie, les pueblos des missions. M. Alcide d'Orbigny assure que les individus de cette nation qui vivent encore au milieu des bois à l'état sauvage, au nord des missions, ont conservé le nom de Toromonas; ils habitent entre le 12e et 13e degré de latitude et le 70e et le 71e degré de longitude ouest de Paris, point qui coïncide exactement avec le lieu où le missionnaire les rencontra; de sorte qu'en descendant par le rio Madre de Dios, dans la direction du nord-est, on doit, après quarante lieues de navigation, retrouver les Toromonas sauvages. Le Padre Alvarez affirme que leurs terres sont très-fertiles, que les rives du fleuve sont très-peuplées et que les tribus de ces Chunchos sont douces et hospitalières.

Un fait bien remarquable qui semble contredire l'opinion généralement reçue, c'est que les tribus des sauvages, voisines des lieux occupés par la race blanche, sont ordinairement plus féroces et toujours plus corrompues que les sauvages de l'intérieur qui n'ont que de très-rares communications avec les blancs. Ces derniers Chunchos ont encore leur naïveté primitive; tout les étonne, la curiosité est le sentiment qui les anime et avec lequel on les dirige facilement, tandis que les autres ne respirent que la haine et la vengeance contre les blancs dont souvent ils ont eu beaucoup à souffrir. Cette transition de la barbarie à la civilisation a donc un fâcheux moment d'épreuve, époque de faiblesse où le sauvage n'est plus assez naïf et n'est pas encore assez civilisé pour être bon. Aussi ceux qui s'engagent dans de périlleuses entreprises d'exploration et de découvertes doivent redouter les sauvages demi-civilisés plus que les autres, et se prémunir en conséquence.

Revenant à la question du Purus et de la Madre de Dios, je dirai que longtemps on a cru que le rio de Chuquiabo ou rio Béni, après avoir coulé vers le nord, se dirigeait au nord-ouest, et que, grossi des rivières de la vallée de Carabaya et de celles qui, ayant leur source dans les Cordillères du Cuzco, forment la Madre de Dios, il prenait le nom de Grand Paro ou d'Apuparu et se réunissait à l'Apurimac : après leur confluent, ces deux fleuves étaient connus sous le nom d'Ucayali. Aujourd'hui, si on sait que le Béni se jette dans le Madeira et que l'Inambari et les autres rivières de la vallée de Carabaya sont tributaires de la Madre de Dios, on est toujours dans la même incertitude au sujet de la véritable direction de ce dernier fleuve. Puisque la Madre de Dios n'est pas un affluent du Béni et que l'Apuparu est le rio Ucayali, nous sommes fondés à supposer que la Madre de Dios doit être le Purus, ce même Amarumayu sur lequel s'embarqua l'expédition contre les Musus, nation nombreuse qui habitait près du Marmoré et occupait le pays compris entre le Béni et l'Amarumayu ou Purus.

Le Padre Bobo de Rebello, qui a vécu longtemps dans la vallée de Paucartambo, et tous ceux qui ont eu des rapports avec les sauvages de l'intérieur, sont presque unanimes sur ce sujet, et considèrent la Madre de Dios comme la source du Purus.

Le pays, arrosé par le rio Madre de Dios, a fait partie, depuis la conquête, de la juridiction de Paucartambo; de là la dénomination qui lui est restée de *Valles de Paucartambo*, tandis que, strictement, on ne devrait comprendre sous cette dénomination que la vallée baignée par le Mapocho ou Paucartambo.

Quant à la question de savoir si le Purus ou Madre de Dios est navigable, on ne peut raisonner que par conjectures, qui semblent, du reste, offrir de grandes probabilités. On pense généralement que de forts steamers pourraient remonter jusqu'à quarante lieues du Cuzco; en effet, après la réunion du Tono et du Piñipiñi, le fleuve coule très-paisiblement et a déjà une largeur égale à celle de l'Ucayali au delà de son confluent avec l'Apurimac. Quand, du sommet de l'Acobamba, on plane sur le pays que parcourt la Madre de Dios, on n'aperçoit sur les rives aucune aspérité, aucun cerro, qui révèlent un cours tourmenté par la présence de roches et de cascades; d'ailleurs, s'il n'existait qu'un ou deux obstacles de ce genre, il serait facile d'y remédier en creusant un canal latéral. En outre, on a vu des tapirs, des lamantins, de grosses tortues, habitants ordinaires des eaux calmes, remonter tranquillement le courant jusqu'au confluent du Piñipiñi et du Tono. Enfin, en dehors de ces données scientifiques, les renseignements émanant des missionnaires et des sauvages sont favorables à notre opinion.

La navigation de la Madre de Dios serait bien plus avantageuse que celle de l'Ucayali; elle serait d'abord moins longue, et sans doute plus facile. L'embouchure du Purus est plus rapprochée du Para que celle de l'Ucayali, et son cours semble devoir être plus direct : le voyage, selon l'hypothèse la plus probable, serait abrégé de trois cents lieues environ. De plus, l'Ucayali n'est navigable pour de petits bateaux à vapeur que jusqu'à soixante-dix lieues du Cuzco, tandis que le port sur le Purus pourrait être établi à quarante lieues de cette ville; les trajets par terre seraient donc bien plus courts d'un côté que de l'autre. Ajoutez à ces considérations qu'une telle navigation enrichirait la contrée qui s'étend de l'Ucayali au Madeira.

La Madre de Dios est assez profonde au confluent du Piñipiñi et du Tono pour qu'il soit possible d'y naviguer en toute saison, et les immenses forêts qu'elle arrose fourniraient à peu de frais le combustible nécessaire pour alimenter la vapeur. Une étude approfondie des lieux rendrait praticable l'ouverture d'une large route entre le port du fleuve et le Cuzco, et les voitures pourraient être facilement employées au transport des marchandises ; la quebrada de Pillcopata semble présenter tous les avantages désirables pour l'exécution de ce projet.

Le Brésil lui-même, maître de la grande embouchure de l'Amazone, en accordant un libre transit à la navigation péruvienne, doterait la ville du Para d'un entrepôt important. Cette cité acquerrait ainsi une prépondérance marquée sur les ports de la côte et recueillerait les bénéfices de sa position exceptionnelle.

Qu'il me soit permis de citer une partie des ressources sans nombre qu'est appelée à fournir cette contrée privilégiée dans un avenir plus ou moins rapproché. La vallée de Paucartambo, arrosée par les cours d'eau qui se réunissent pour former la Madre de Dios, produisait en abondance, avant la dévastation de ses haciendas par les sauvages, la canne à sucre, la coca, le cacao, le café, le riz, le maïs, le manioc, l'igname ; la fertilité de la terre et la chaleur du climat seraient également favorables à la culture du coton, du tabac, de l'indigo, et d'autres plantes tropicales. L'exploitation et le commerce du quinquina, du caoutchouc, de la vanille, des arbres précieux, des bois de construction et de teinture, des plantes tinctoriales, des résines et des gommes odoriférantes, de la cire, de la salsepareille, de l'ipécacuana, etc., seraient une source de richesses inépuisables ; à ces avantages ajoutez le produit de la pêche, très-abondante dans ces rivières et dans les lagunes des environs. Tous les affluents du Marañon sont peuplés de lamantins et de tortues, dont la chair est un aliment excellent et qui fournissent une huile et une graisse très-utiles dans les arts. Il serait facile de propager, dans les vallées et les plaines qui bordent le fleuve, des troupeaux de bœufs, de moutons, de mules et de chevaux ; on en retirerait des cuirs, de la viande salée, de la graisse, du suif et de l'huile, dont les produits s'écouleraient pour le Brésil, les Antilles et l'Europe. La laine des brebis, des lamas et des alpacas, vivant dans les punas de Paucartambo, de Puno et de Marcapata, serait transportée vers les ports d'Europe à moins de frais et avec plus de facilité par la Madre de Dios que par les moyens employés jusqu'à ce jour. Enfin on pourrait extraire de la potasse de divers végétaux et en faire l'objet d'un commerce d'exportation. Cette énumération rapide et incomplète démontre clairement quel est l'avenir réservé à ces pays si richement dotés par la nature.

La difficulté de l'exploration du rio Madre de Dios n'est pas un motif suffisant pour faire renoncer à une entreprise d'une utilité aussi universelle ; j'ai appris, à mes dépens, que les forces humaines et la plus ferme volonté devaient plier sous l'empire de circonstances impérieuses. Loin de vouloir décourager ceux qui seraient dans l'intention de tenter cette grande entreprise, je chercherai, au contraire, à les éclairer de mes faibles lumières et à les guider de mes conseils. Je pense que l'exploration serait plus facile par le Brésil ; ni les rameurs, ni les pirogues ne feraient défaut ; les moyens de transport par l'Amazone jusqu'à l'embouchure du Purus sont très-simples et très-économiques ; on éviterait ainsi un long trajet par terre et les obstacles innombrables qui résultent des transports à dos de mule et de l'absence de chemins dans la forêt vierge. On fera sans doute une objection : « La Madre de Dios peut ne pas être le Purus, votre opinion n'est basée que sur des conjectures, et, quoiqu'elles paraissent probables, cependant le vrai n'est pas toujours la conséquence du vraisemblable. » A cela je réponds que, l'exploration du Purus étant indispensable, l'entreprise ne laissera pas d'être encore d'une grande utilité, et celui qui l'aura menée à bonne fin aura des droits à la reconnaissance publique. D'ailleurs, il sera toujours temps de reprendre l'expédition par les sources, si les voyages dans la partie du Brésil entre l'Ucayali et le Madeira constatent que la Madre de Dios n'est pas le grand affluent qui porte le tribut de ses eaux au roi des fleuves.

CHAPITRE X

Route de Paucartambo à Puno et de Puno au Desaguadero. — Lampa. — Puno. — Copacabana. — Iles du lac Titicaca.

Aussitôt notre retour à Paucartambo, nous nous mettons en quête de mules à louer, et le lendemain, nous quittons ce pueblo pour nous diriger vers la Bolivie ; nous traversons le pont de lianes de Caïcaï, et, laissant à droite Oropesa, située, au milieu de marécages, près du point de jonction des routes du Cuzco et de Paucartambo, nous gagnons San Roque avec nos mules de louage.

La saison avancée nous décida à prendre les moyens les plus expéditifs d'atteindre Puno; les pluies, déjà commencées dans les vallées chaudes qui s'étendent au delà de la seconde Cordillère, ne pouvaient tarder à se déclarer dans la puna. Il y a un service de poste établi entre le Cuzco, Puno et la Paz; ce mode de locomotion nous parut le meilleur sous le rapport de la célérité.

Aguerris déjà par de longs trajets à dos de mule, nous ne redoutions guère les fatigues de ce genre, nous étions presque transformés en centaures.

Les maisons de poste sont éloignées les unes des autres de trois à sept lieues; le prix du tarif est à tant la lieue, un réal par cheval ou par mule, un demi-réal ou *medio* par postillon. Ce dernier s'occupe des bêtes de charge et ramène les mules à leur point de départ; il suit le cavalier à pied, courant toujours sans jamais perdre haleine, quelque rapide que soit le coursier et quelle que soit la hauteur des montagnes. La vitesse avec laquelle l'Indien parcourt de grandes distances à la course étonne d'autant plus l'Européen, qu'il ne peut, comme l'indigène, vaincre l'oppression que lui cause la raréfaction de l'air et courir à cette altitude sans tomber essoufflé aussitôt. De temps à autre, le postillon accompagne sa course des accents peu mélodieux d'une flûte de Pan ou d'un cornet, ornés de verroteries; les sons aigus de ces instruments, répercutés par les échos d'alentour, s'épurent peu à peu dans le lointain, surtout au moment où ils expirent.

Les maîtres de poste sont obligés par les règlements à avoir sans cesse un certain nombre de chevaux ou de mules à la disposition des voyageurs; mais quel est le blanc, au Pérou, qui s'inquiète des règlements? Chacun agit à sa guise, ne consulte que son intérêt et foule impunément aux pieds ce qui peut le gêner le moins du monde dans les prescriptions des lois. Aussi, que de fois avons-nous attendu des heures entières que l'on ait ramené du pâturage les mules que nous aurions dû trouver dans le *coral*[1], prêtes à la première réquisition ! Dans ces circonstances, le plus sage est de ne pas s'irriter, ce serait en pure perte; la patience est une qualité indispensable en voyage.

Les chevaux et les mules de poste sont assurément les animaux les plus étiques et les plus disgracieux qu'il soit possible d'imaginer; souvent il est difficile de les monter, tant ils paraissent fringants, ils ne sont que vicieux; une fois en selle, partez au galop, un quart d'heure après, vous serez à pied.

Nous perdons une heure à San Roque; nous partons enfin, je lâche la bride à mon cheval qui s'élance au galop; bientôt le trot remplace le galop, et le pas, hélas! succède au trot. Après trois lieues ma monture est exténuée, elle chancelle, je mets pied à terre pour la soulager; la maudite bête, heureuse d'être dégagée de mon poids, s'arrête tout court; je la tire de toute ma force par la bride, mais inutilement; dans mon ennui, je trouvais fort désagréable non-seulement de payer un cheval et d'aller à pied, mais encore d'être obligé de remorquer un animal aussi rétif : l'avantage de voyager par la poste dans ces pays, c'est de faire la route pédestrement.

---

1. Enclos où les mules sont enfermées, cour entourée de barrières.

Nous traversons successivement Huaro, Urcos, Quiquijana, Checacupe, et, après avoir aperçu à gauche les hautes murailles en ruines de Tinta, nous entrons à Cacha, dont l'aspect est aussi misérable que les autres pueblos que nous avions rencontrés auparavant. Je ne reproduirai pas ici la description du costume des habitants du pays, que j'ai donnée dans le chapitre où je parle de l'Indien des Cordillères. La terre se cultive, dans ces parages, au moyen de charrues en bois, grossièrement travaillées; quelques-unes sont garnies d'une pointe de fer à leur extrémité.

Sicuani est un grand village; comme la plupart des pueblos de la puna, il a beaucoup souffert de la dernière épidémie, qui a enlevé un quart de la population; aussi voit-on de nombreuses maisons inhabitées et à moitié détruites. La tristesse qui s'empare du voyageur à cette vue est augmentée encore par la désolation des lieux environnants. Tout le pays, jusqu'à Puno, n'est qu'une vaste pampa, coupée de collines peu élevées, qui s'étend entre deux cordillères; ces plateaux se ressemblent tous, c'est la puna et rien que la puna avec son uniformité. Des troupeaux de vaches, de moutons, de lamas et d'alpacas peuplent ces maigres pâturages, et les rares pueblos que l'on rencontre sont pauvres et peu habités. Aguacaliente est une maison de poste analogue, par sa situation et son isolement, à celle de Rumihuasi, près du col du rio Negro, entre Aréquipa et le Cuzco. Santa

Rosa, Ayaviri et Pucara possèdent de grandes églises, autour desquelles se groupent quelques misérables cahuttes en briques cuites au soleil (adobes) et couvertes en paille.

A Pucara, la salle de la poste, destinée aux voyageurs, était envahie par des Indiens d'un village voisin venus pour visiter le maître de poste. Celui-ci, pour fêter ses hôtes, leur distribuait généreusement du cañaso ; la bonne humeur des convives se trouvait surexcitée par des libations souvent répétées. Par politesse, on nous invite, selon l'usage, à partager les divertissements, et on nous apporte force eau-de-vie de canne ; notre état de fatigue et de souffrance et notre répugnance pour cette liqueur ne nous permirent pas d'accepter ; incommodés par le bruit, nous demandons un lieu de repos. Notre refus offense ces gens à moitié ivres : pour eux, nous ne sommes plus que des étrangers maudits cherchant à faire la loi partout, on nous menace, et, en voyant nos carabines, on nous montre des frondes, on n'a pas peur de nous, le nombre triomphera de la supériorité des armes. Je les laissais vociférer sans daigner leur répondre ; mon calme et celui de mon frère les ayant apaisés, ils quittèrent la salle et transportèrent plus loin leurs bruyants plaisirs. Un des plus violents revint bientôt nous faire des excuses et nous protester de son dévouement ; il fallut, en signe de réconciliation, boire avec lui une bouteille de cañaso, et supporter, pendant une heure au moins, son ennuyeux babil.

Aux environs de Pucara, on cultive la pomme de terre, qui vaut de 2 à 4 réaux l'arrobe; pour planter, on ouvre un sillon au moyen d'un outil en fer assez étroit et très-allongé; les mottes de terre sont brisées avec une pierre attachée à un bâton, rien de plus primitif que ce mode de culture. Aussi la vie, dans cette contrée, est très-facile; une vache vaut 10 piastres, un lama 2 et un mouton 4 réaux; le sol produit presque sans travaux préparatoires. Cette facilité de trouver sans peine son existence rend les populations paresseuses, immorales et peu industrieuses, tandis que dans les pays moins favorisés de la nature, où il faut disputer sa vie à la terre, les peuples sont énergiques, plus moraux et capables de grandes choses.

A la poste de Pucara, on m'avait donné une mule de belle apparence; je me félicitais de cette bonne fortune qui me présageait un trajet agréable, j'espérais atteindre sans encombre la poste prochaine, éloignée de neuf lieues. Cette mule était vicieuse et à demi sauvage; à une lieue de Pucara, elle fait un brusque écart et reprend au galop le chemin du *coral;* en vain je cherche à arrêter sa course rapide, ma bride casse; incapable désormais de modérer l'ardeur de ma monture, je me précipite à terre. La violence de la chute me démit le bras droit, j'éprouvais une forte douleur, je regagnai Pucara, et il fallut renoncer à poursuivre notre route.

La chirurgie et la médecine sont exercées, dans ces pueblos, par des charlatans d'une extrême ignorance; l'un d'eux vint me voir, et, après m'avoir fait horriblement souffrir, il m'assura que mon bras était remis selon toutes les règles de l'art et m'annonça une prompte guérison; je le priai de se retirer après l'avoir récompensé de sa cure miraculeuse. A vingt-cinq lieues de Puno, nous ne pouvions songer à nous y rendre dans ma position; mon frère, qui avait eu à Lima un accident pareil, voulut profiter de son expérience personnelle pour me remettre le bras; il avait besoin d'un aide, il s'adresse au curé, un des rares habitants de la localité parlant espagnol. Le curé lui répond qu'il craint la contagion de la maladie; mon frère lui explique qu'un bras cassé n'est pas un mal contagieux; c'est vrai, dit-il, mais l'aspect de la souffrance m'attriste trop et je l'évite à tout prix. Telle est la charité chrétienne au Pérou!

Nous trouvons enfin une personne qui, moyennant une rétribution, consent à aider mon frère; après plusieurs tentatives inutiles, la réussite fut complète. Je demeurai trois jours, à Pucara, dans la maison de poste; le propriétaire, coupable avec préméditation de mon accident en me fournissant sciemment un animal vicieux, ne s'informa pas une seule fois de ma santé, quoiqu'il logeât dans une chambre contiguë à la mienne. Ces traits de mœurs donnent une idée de cette population de l'intérieur.

Lampa est une petite ville de 2,000 habitants, adossée à deux collines et bâtie entre deux vastes pampas. On y remarque une grande église, une belle place et quelques rues bordées de maisons bien construites. Lampa est redevable de cet air d'aisance aux mines de cuivre argentifère, qui sont exploitées à 12 lieues environ, au cerro de Pomasi, et qui ont enrichi leurs propriétaires. Juliaca, Caracoto et Paucarcolla n'offrent aucun intérêt. Enfin le lac Titicaca s'étend à nos pieds, nous planons sur une vaste pampa, la ville de Puno nous apparaît dans le lointain; le marin n'est pas plus heureux quand il aperçoit le port après la tempête.

Distances entre le Cuzco et Puno.

Du Cuzco à Oropesa..	4	lieues espagnoles.
San Roque..........	3	—
Quiquijana.........	5	—
Checacupe..........	5	—
Cacha..............	4	—
Sicuani............	3	—
Aguacaliente.......	5	—
Santa Rosa.........	7	—
Ayaviri............	8	
Pucara.............	6	—
Lampa..............	9	—
Juliaca............	7	—
Caracoto...........	2	—
Paucarcolla........	5	—
Puno...............	3	—
	76	—

Puno est situé à peu de distance du lac Titicaca, à une hauteur de plus de 12,000 pieds au-dessus du niveau de la mer; des montagnes dominent la ville de toutes parts, sauf du côté du lac. La cathédrale est bâtie en pierre; la façade est flanquée de deux tours et ornée de sculptures; il n'y a aucune décoration à l'intérieur de l'édifice. Les rues sont étroites, sales et mal pavées. L'orge ne mûrit que difficilement aux environs de la ville. La population ne dépasse pas aujourd'hui 4,000 âmes, on y observe le mélange des races quichua et aymara. Les Aymaras sont cruels, malpropres et d'une laideur repoussante; leur costume se rapproche beaucoup de celui des Quichuas, seulement le chapeau des femmes est en forme de corbeille avec des ornements de velours.

Le grand commerce de Puno consiste dans l'exportation de la laine des moutons, lamas et alpacas qui habitent la puna. Le commerce du quinquina de Carabaya et de Bolivie est presque abandonné depuis la découverte des quinquinas de la Nouvelle-Grenade; ces derniers sont inférieurs en qualité, mais leur abondance et leur bas prix ont rendu peu lucrative et presque impossible l'exploitation du quinquina bolivien.

Un de nos compatriotes, M. Engler, a établi, près de Puno, une fabrique de sulfate de quinine; ses appareils sont magnifiques, ses produits sont d'une blancheur irréprochable et d'une excellente qualité; néanmoins il ne réussit pas, il manque d'ouvriers pour la fabrication du quinine ; ceux qu'il avait amenés d'Europe ont rompu leur contrat et l'ont abandonné. Toute manufacture ou tout établissement, qui ne peut marcher qu'avec des ouvriers européens, est presque impossible en Amérique ; l'ouvrier, se sentant nécessaire, fait la loi, et le maître est obligé de la subir, quelque dure qu'elle soit, s'il ne veut renoncer à son industrie. Les mauvais conseils détournent souvent les travailleurs venus d'Europe avec des engagements ; on leur persuade aisément de ne plus se livrer à un service pénible et peu fructueux, lorsqu'en faisant le commerce à leur compte, ils pourraient, leur dit-on, acquérir promptement une fortune qui leur permettrait de traiter d'égal à égal avec leurs anciens patrons. Ils résistent d'abord, puis ils se laissent peu à peu persuader ; on incline avec plaisir vers les conseils qui flattent l'amour-propre et favorisent l'intérêt. Par respect pour les convenances, on donne naissance à un prétexte, et tout est arrangé pour mettre le tort du côté du patron ; l'apparence parle en faveur du récalcitrant, mais sa conscience est complice d'une conduite pleine d'indélicatesse. Dans de pareilles circonstances, M. Engler a été victime de gens de mauvaise foi ; cet homme estimable était digne d'un meilleur sort. C'est pour l'instruction des Européens que je présente ce triste tableau de la perversité humaine ; loin de moi l'idée d'arrêter cet élan louable qui tend à acclimater notre industrie dans un autre hémisphère ; seulement je désire que ceux qui sont disposés à le faire sachent d'avance les difficultés qu'ils rencontreront et qu'ils prennent à ce sujet toutes les précautions nécessaires.

Les fameuses mines d'argent, auxquelles Puno doit sa fondation et son antique prospérité, sont aujourd'hui épuisées ou à peu près abandonnées. L'importante mine du Manto ou de Cancharani appartient à une société constituée par actions ; la discorde règne malheureusement parmi les membres de cette compagnie, et les travaux d'exploitation sont suspendus. Ce gisement est situé à une demi-lieue de Puno ; une usine a été bâtie près de la mine pour bénéficier le minéral ; les bâtiments sont vastes et bien disposés. L'argent se présente à l'état de sulfo-arséniure, c'est du moins la combinaison la plus fréquente ; les autres minerais sont le *polvorillo* et le *pavonado*. La baryte, le porphyre et le fer carbonaté servent de gangue à l'argent. Le bénéfice s'opère, suivant la qualité du minerai, par voie de grillage ou de fusion. On pénètre dans la mine du Manto par un canal ; un système d'écluses a été établi pour obvier à la différence des niveaux. Une barque en tôle dessert la mine jusqu'à une certaine profondeur ; un *socabon* ou tunnel, plus élevé que celui où existe le canal, conduit au filon exploité maintenant, et le service se continue avec des chariots courant sur des rails et traînés par des mules. Ce mode ingénieux d'exploitation remonte à plusieurs années ; il avait été organisé par la compagnie anglaise qui possédait le Manto avant la société actuelle.

Sur le versant opposé se trouvait la célèbre mine de Salsedo, qui a fourni des millions. Salsedo, déserteur de l'armée espagnole, fut redevable de la découverte de cette mine aux renseignements d'une jeune Indienne ; mais sa fortune inespérée excita l'envie, et ses ennemis le firent condamner à mort sans raison apparente. Combien de trésors, enfouis par les Indiens lors de la conquête, resteront à jamais ensevelis dans les entrailles de la terre! La cruauté des envahisseurs envers le peuple conquis et leur insatiable cupidité ont ainsi trouvé un juste châtiment, et la justice divine a permis que ce châtiment leur fût infligé par leurs propres victimes. Les Indiens jurèrent de ne jamais révéler à leurs persécuteurs les lieux où leurs richesses avaient été cachées, ni les gisements souterrains, source première de ces trésors ; jamais serment ne fut plus fidèlement observé, les tortures les plus atroces les trouvèrent inébranlables. L'expiation a été bien faible en comparaison du crime, mais c'était une expiation véritable pour le conquérant, dévoré par la soif de l'or, sans souci de l'humanité.

Notre séjour à Puno fut assez court ; nous voulions, avant de gagner la côte et de nous embarquer pour le

Chili, visiter les îles du lac Titicaca, étudier le berceau de la civilisation incasique et voir une partie de la république bolivienne.

Le lac Titicaca ou de Chicuyto est situé sur un plateau, dont l'élévation au-dessus du niveau de la mer dépasse 12,000 pieds; la presqu'île de Copacabana le divise en deux parties d'inégale dimension, réunies par le détroit de Tiquina. Cette lagune a une longueur de 50 lieues environ sur une largeur moyenne de 12 lieues; sa profondeur est très-grande, et son eau est saumâtre. Elle est sujette à de violentes tempêtes, et le navigateur, surpris par un fort coup de vent, court de grands dangers. Elle reçoit plusieurs rivières et décharge le trop-plein de ses eaux par un bras naturel ou *Desaguadero*, qui se rend dans le lac d'Aullagas. La lagune Titicaca sépare le Pérou de la Bolivie; la presqu'île de Copacabana appartient à cette dernière république, bien qu'on ne puisse y pénétrer par terre que du côté de la rive péruvienne. Parmi les îles du lac, deux seules méritent d'être citées, ce sont l'île Titicaca et l'île Coati, célèbres par les antiquités qu'elles renferment et par la tradition qui fait sortir de l'une d'elles le législateur du Pérou, l'illustre Manco Capac, au douzième siècle de l'ère chrétienne.

Pour aborder aux îles de la grande lagune Titicaca, il faut quitter le chemin de la Paz à Pomata et se diriger vers Copacabana. Tous les pueblos que l'on traverse entre Puno et Copacabana sont à moitié déserts; quelques-uns, placés sur une élévation, planent sur la lagune et produisent un effet assez pittoresque, surtout lorsqu'ils sont frappés par la vive lumière du soleil. D'immenses églises, construites jadis par les jésuites, attestent encore la puissance de la compagnie de Jésus dans ces contrées : débris vivants de leur bienfaisant passage. Chicuyto, Acora, Ilave, Juli, Pomata, pueblos florissants du temps des jésuites, ne conservent plus que de rares vestiges de leur prospérité passée.

La grande culture des bords du lac consiste en deux espèces de quinoa (chenopodium quinoa), toutes deux propres à la nourriture de l'homme. Cette plante, déjà signalée avec avantage par M. de Humboldt, rendrait de grands services, si on l'acclimatait en Europe. Elle croît dans les terrains les plus ingrats et les plus sablonneux, et vit sur les plateaux élevés des Cordillères, où l'âpreté du climat ne permet pas la culture des céréales. Elle offre un des aliments les plus sains par ses graines et par ses feuilles hachées; on en fait une consommation considérable au Pérou et en Bolivie; ses graines se mangent en potage ou en gâteaux, et les feuilles se servent en guise d'épinards. La culture n'exige presque aucun soin; cette plante rustique ne craint ni le vent ni le froid, ce serait une précieuse importation en Europe pour la classe pauvre. On pourrait peut-être utiliser ainsi de vastes terrains improductifs et semer les landes de la Gascogne ou les bruyères de la Bretagne. Certaines parties de la Champagne ou de la Sologne, stériles jusqu'à ce jour, cesseraient d'être incultes et fourniraient une substance alimentaire précieuse.

J'ai remis, à mon retour en France, une certaine quantité de ces graines au muséum du Jardin des Plantes et à la Société impériale d'acclimatation, et, comme elles paraissaient s'être détériorées dans le trajet sur mer, je me suis empressé d'écrire à mes correspondants pour en réclamer d'autres.

Avant la suppression du tribut que les Indiens payaient au gouvernement, les villages du département de Puno fabriquaient des ponchos de vigogne, fort appréciés des connaisseurs pour la finesse et la qualité du tissu; mais cette industrie est tombée depuis la réforme de l'impôt, les habitants préfèrent se livrer à leur goût favori pour le *far niente*.

Les environs de la lagune sont particulièrement fréquentés par des bandes de jolies perruches vertes et bleues, qui s'envolent à votre approche en poussant des cris discordants.

Yunguyo est célèbre par la grande foire qui s'y tient, tous les ans, le 15 août; les négociants du Pérou et de la Bolivie y accourent en foule, et le commerce y fait des affaires considérables. Vilque, gros bourg à quinze lieues de Puno sur la route d'Aréquipa, possède une foire à la Pentecôte. Ce sont les deux marchés les plus importants du sud de la république péruvienne.

Il y a cinq lieues de Pomata à Yunguyo, et deux de Yunguyo à Copacabana; j'ai remarqué que les Indiens saluaient ces deux derniers pueblos en les apercevant de la hauteur. Entre Yunguyo et Copacabana, on passe la frontière bolivienne.

Copacabana est près du lac dans une jolie situation, elle est adossée à une colline et jouit d'une belle vue sur la lagune et la presqu'île. L'église du couvent, avec ses dômes recouverts de tuiles vernissées aux couleurs variées, domine le pueblo et s'élève majestueusement au milieu des masures habitées par les Indiens. Copacabana est un lieu de pèlerinage renommé; on vient des parties les plus reculées du Pérou et de la Bolivie s'y prosterner devant l'image de la Vierge, vénérée pour ses nombreux miracles. Chaque année, on y célèbre, le 2 février et le 6 août, de grandes fêtes qui attirent un immense concours de fidèles.

C'est de Copacabana que l'on part pour visiter les îles de la lagune; on se rend, par terre, jusqu'au village d'Iampupata, situé, à quatre lieues de Copacabana, à la pointe de la péninsule où l'on quitte ses mules pour s'embarquer. La distance qui sépare la terre ferme de l'île Titicaca est d'une demi-lieue environ; la traversée s'opère sur des *balsas en totora* ou barques faites de jonc. Cette balsa est formée d'un gros faisceau de joncs recourbés aux deux extrémités; un fort bourrelet, également en jonc, court tout à l'entour de l'embarcation et la soutient sur l'eau : ces frêles esquifs sont insubmersibles. Quand le lac est calme, le trajet se fait en une heure, et on aborde sans difficulté; mais si un vent violent s'élève et agite les flots, la navigation est vivement contrariée et les passagers sont continuellement mouillés par la vague. Le mode de transport usité sur le lac est des plus primitifs, mais l'Indien conserve religieusement les anciens usages de ses pères; on lui a donné des rames, il a nié leur supériorité et il emploie encore une perche à l'exemple de ses aïeux. A l'avant de la balsa se place une voile supportée par trois bâtons tortueux : cette voile est composée de trois ou quatre ponchos reliés entre eux par de petits morceaux de bois pointus servant d'épingles. Debout, à l'arrière, se tient le *balsero*, ayant à la main une longue perche assez mince qu'il plonge alternativement dans l'eau de chaque côté de l'embarcation; il communique ainsi une légère impulsion au canot qui avance lentement. Quand la brise ne souffle pas, la traversée est d'une longueur mortelle. Quelquefois deux hommes se servent de perches comme de rames pour accélérer la navigation, mais leurs efforts obtiennent un succès presque négatif. Pendant le trajet, vous tournez le dos à la baie d'Iampupata et à la presqu'île ; devant vous est l'île Titicaca ; à gauche, on découvre des cerros peu élevés dans la direction de Pomata et de Puno ; à droite, vous apercevez Coati, et, au delà, le majestueux Illampu et la chaîne des Andes portent jusqu'aux nues leur sommet couronné de neiges éternelles.

La rive est escarpée au lieu du débarquement, et le passager aborde sur des rocs amoncelés ; quelques ruines sans intérêt s'offrent d'abord à sa vue. Le premier vestige de l'antiquité digne d'appeler l'attention, c'est le palais de l'Inca : placé dans une baie, à mi-côte, il regarde l'Illampu et l'île Coati. Comme tous les édifices de l'île, il est construit en pierres brutes, unies entre elles par de la terre. Il s'élève sur une plate-forme ; quatre portes, dont deux sont murées, donnent sur la façade principale. Ces portes et les niches intérieures affectent la forme d'un triangle tronqué au sommet. La muraille du second étage est tombée en grande partie ; et des deux ailes qui existaient sur le devant de l'édifice, celle de droite est seule debout. Une petite pièce voûtée correspond à chacune des quatre portes ; la construction des voûtes indique une architecture dans l'enfance : ce sont des pierres placées les unes au-dessus des autres de telle sorte que la pierre supérieure dépasse un peu la pierre inférieure; un seul bloc sert de clef et complète la voûte, qui est formée de quatre rangées de pierres superposées sans compter la clef. Outre la façade principale, il y a deux façades latérales ; la porte centrale du côté gauche donne accès à une salle communiquant avec deux petites pièces obscures et voûtées. Sur le derrière du palais, on remarque deux ailes carrées et on pénètre de plain-pied au second étage. Le corridor, où l'on entre d'abord, aboutit à deux portes latérales donnant dans de petites pièces; le devant est occupé par trois chambres qui communiquent entre elles. Des séparations semblent annoncer l'existence de quatre autres chambres intérieures ; comme cette partie est très-maltraitée par l'injure du temps, il est difficile de se rendre un compte exact de la distribution de l'édifice. A l'intérieur, des niches vides sont pratiquées dans l'épaisseur de tous les murs.

A quelques mètres de ce palais, on découvre d'autres ruines; elles sont très-dégradées.

Le second objet qui frappe la curiosité est une fontaine, la Pila del Inca. Elle se trouve à mi-côte au fond d'une baie. Un mince filet d'eau sort par trois ouvertures d'un travail grossier et tombe dans un bassin carré long : deux des ouvertures ont été pratiquées dans un gros bloc, et la troisième est formée de deux pierres superposées.

Le palais des Donzelles est tourné du côté de Pomata[1], c'était un couvent occupé par les vierges du Soleil. Il reste quelques chambres à demi détruites : ce ne sont que des murs en ruines, disparaissant en partie sous les broussailles qui ont envahi cet antique sanctuaire de la chasteté. La muraille la moins dégradée contient des niches vides intérieurement et extérieurement.

Nous nous dirigeons ensuite vers l'autre versant ; on nous montre, en passant, un immense bloc de grès, noirci par le temps, que l'on nomme Titicaca, mot quichua signifiant pierre d'étain, et auquel le lac et l'île doivent leur nom. Les guides nous conduisent aussi à une roche sur laquelle on voit deux veines bizarres qui ressemblent de loin à des empreintes de pieds gigantesques et que les Indiens considèrent comme étant les pas du Soleil.

Enfin nous arrivons au temple du Soleil. C'est un grand quadrilatère entouré de murs, construits en pierres brutes et en terre, qui n'ont pas plus de 2 mètres de hauteur. Sur le devant de l'édifice, il existe dans le mur quelques traces de portes et de fenêtres ; mais ce temple est tellement détérioré qu'il est impossible de décrire exactement sa disposition primitive[2].

---

1. Pour se rendre du palais de l'Inca au palais des Donzelles, on passe du versant qui regarde la Bolivie à celui qui regarde le Pérou.
2. Il paraît que la magnificence de la décoration intérieure rachetait la

Nous étions peu éloignés de l'hacienda de Challa, nous y cherchons un abri pour la nuit. Le reste de la journée fut consacré à faire des fouilles ; elles furent infructueuses. On a trouvé jadis, en creusant le sol de l'île, beaucoup de vases, d'idoles et autres objets anciens fort curieux.

L'île Titicaca est très-montagneuse et forme de nombreux golfes ; sept îlots l'entourent ; sa longueur est de deux lieues sur une demi-lieue de largeur. Étudiée au point de vue géologique, elle présente deux formations principales : le calcaire et le grès sont les roches dominantes ; des coquilles fossiles, engagées dans le carbonate de chaux ou dans la grauwacke et rapportées par nous de Challa, figurent dans les collections du Muséum à Paris. Elle nourrit des troupeaux de bœufs et de moutons et produit du maïs, du quinoa et des fèves. Ce maïs est le maïs sacré des Incas, les épis sont petits et les grains de couleurs variées ; cette espèce pourrait être acclimatée dans diverses parties de l'Europe où le maïs ordinaire ne réussit pas ; elle supporte mieux le froid que les autres espèces connues, et elle mûrit dans les années les moins favorables à ce genre de culture ; c'est dans le but d'introduire ce maïs en France

---

pauvreté de l'extérieur. Tous les murs étaient couverts d'or, et les ornements étaient tous de ce métal précieux. On s'explique la richesse des temples et des palais des monarques péruviens, quand on sait que l'usage de l'or était interdit au peuple et exclusivement réservé au souverain et au culte.

que j'en ai remis quelques échantillons à la Société impériale d'acclimatation. Les essais que nous en avons faits personnellement dans les environs de Paris, à Fleury-Mérogis près Corbeil, ont parfaitement réussi. Malgré le froid et les pluies de 1860, la maturité a précédé celle du maïs le plus précoce, et nous avons constaté que les épis et les grains, comparés à ceux de la semence, ont doublé de grosseur.

Le jour de notre excursion dans l'île, c'était la Sainte-Barbe; les Indiens, les chapeaux ornés de fleurs, dansaient au son d'une musique monotone; la chicha circulait parmi les groupes de danseurs, et la fête, selon l'usage, se termina dans l'ivresse.

Une balsa en totora nous transporta de Challa à l'île de Coati : la traversée dura six heures. Coati s'élève au-dessus des eaux comme un immense cétacé; sa longueur est de trois kilomètres environ. On y cultive les mêmes plantes que dans l'île Titicaca. Le temple de la Lune est sur le versant qui regarde la Bolivie ; une vaste cour, aujourd'hui cultivée, est entourée sur trois faces de constructions d'un style étrange ; des *queñuas* au tronc rougeâtre étendent leurs bras noueux sur ces ruines et les protégent de leur ombrage. La façade principale est fort endommagée, tandis que les faces latérales sont bien conservées; les portails surtout sont remarquables par la bizarrerie de leur architecture. La décoration qui surmonte les portes affecte la forme de gradins ; tous les ornements sont en creux, jamais en saillie : j'ai observé la même chose à Tiaguanaco, ce qui me fait supposer que la civilisation des Aymaras, antérieure à Manco Capac, a servi de modèle à la civilisation du Pérou. Toutes les pièces sont exiguës et contiennent des niches dans les murs ; quelques-unes sont éclairées par des lucarnes ou soupiraux dont l'encadrement rappelle la croix grecque. Sur la gauche, il existe une cour demi-circulaire ; la muraille de l'hémicycle renferme des niches. Cet usage des niches dans les murs s'est conservé parmi les Indiens ; ils ont soin d'en pratiquer dans leurs maisons actuelles, et ils y placent leurs poteries et autres ustensiles de ménage.

A l'autre extrémité de l'île, nous faisons des excavations infructueuses près des ruines informes de la Chicheria. Ce monastère était habité par des vierges, vouées au culte de la Lune et chargées de faire la chicha de l'Inca. Ceux qui venaient chercher cette chicha, la recevaient dans leur embarcation par un conduit d'argent ; les vierges ne devaient communiquer avec aucun homme.

Nous nous rembarquons, le lendemain matin, malgré la violence du vent et les conseils de notre balsero : le lac, si calme la veille, était devenu une mer orageuse. La vague couvrait continuellement notre frêle esquif, et nous grelottions de froid, accroupis au fond de l'embarcation que l'eau avait envahie. Après une navigation pénible, qui ne dura pas moins de quatre heures, nous abordons à Sampaya, aussi mouillés que si nous eussions traversé le lac à la nage. Nous profitons de quelques rayons de soleil pour sécher nos effets et réchauffer nos membres engourdis par le froid. Le cerro qui sépare Sampaya de Iampupata fut bientôt franchi, et, remontant sur nos mules, nous regagnons le couvent de Copacabana.

Le 8 décembre, nous quittons de nouveau Copacabana et nous dirigeons notre course vers Sepita avec des mules de louage. Depuis Pomata, nous étions sortis de la voie desservie par la poste; nous devions la reprendre à Sepita et continuer ainsi notre voyage jusqu'à la Paz. A deux lieues de Sepita, notre bête de charge tomba frappée d'une mort instantanée ; c'était une mule vigoureuse qui ne paraissait nullement malade. Nous interrogeons l'Indien, il ignorait la cause d'un accident si imprévu ; toutes nos perquisitions n'aboutirent à aucun résultat. Il nous était impossible de remplacer l'animal mort; les misérables huttes que nous apercevions ne nous offraient aucune ressource sous ce rapport, et il était trop tard pour songer à envoyer notre Indien chercher une mule de poste à Sepita. Nous demandons l'hospitalité à une cabane voisine : l'Indienne paraissait peu disposée à nous héberger; elle nous céda cependant son domicile et se retira avec son lit de peaux de mouton dans un petit réduit contigu. Elle rentra plusieurs fois dans sa maison et sortit avec un sourire moqueur sur les lèvres ; bientôt la chambre que j'occupais fut remplie d'une fumée épaisse et fétide, j'étais aveuglé et un fort picotement à la gorge provoquait une toux fréquente ; je compris alors, mais trop tard, le sourire satanique de l'Indienne. Elle avait mis le feu à des bouses de vache humides, il fut éteint sur mon ordre, et je la menaçai du bâton si elle recommençait cette mauvaise plaisanterie. Je reconnus une fois de plus l'heureuse influence de cette menace du bâton, véritable talisman dans la Cordillère. Voulez-vous une poule ou un chupé pour votre dîner ; désirez-vous du fourrage pour vos mules ou tout autre objet ; la menace du bâton suffit pour faire apparaître l'objet demandé. Vous arrivez chez l'Indien, après une journée fatigante, harassé et mourant de faim, vous n'obtiendrez aucun aliment sans le bâton, en offririez-vous dix fois la valeur. L'Indien est très-méfiant, et cette méfiance est excusable ; les voyageurs sont rares dans la puna, la plupart sont des officiers de l'armée péruvienne qui ne soldent presque jamais leur dépense, aussi l'Indien, privé de son bien par d'indignes spoliations, cache le peu qu'il possède pour tâcher de le conserver. Pour lui, tous les voyageurs sont des officiers, et, dans la crainte d'être dépouillé, il répond négativement à toutes les demandes qu'on lui adresse. On ne parvient à vaincre son obstination et ses refus que par les menaces; rien n'égale son bonheur, quand on lui paye la consommation avant le départ. Il est honteux de voir des officiers, auxquels l'État accorde une subvention pour frais de route, voler ainsi ouvertement ces malheureux; le gouvernement est coupable de fermer les yeux sur de tels abus, en assurant l'impunité à leurs auteurs. Les continuelles infractions aux lois, qui se reproduisent en toute circonstance, ont pour le pays les plus fâcheux résultats : elles entretiennent dans les populations un état de défiance qui tourne au détriment de la civilisation et rendent les voyages et les excursions très-pénibles.

Le lendemain, je partis de grand matin pour Sepita, et j'envoyai à mon frère une mule de poste pour ramener la charge. A peine arrivé, l'Indien qui conduisait nos animaux courut chez le gouverneur et m'accusa d'avoir causé la mort de la mule que nous avions perdue la veille; les faits furent expliqués et ma responsabilité fut mise à couvert. Depuis Sepita jusqu'au Desaguadero la route côtoie la lagune; dès lors, nous étions arrivés sur la frontière du Pérou et nous allions entrer sur le territoire de la Bolivie.

Distances entre Puno et le Desaguadero.

Puno à Chicuyto........	4	lieues espagnoles.
Acora..................	3	—
Ilave..................	5	—
Juli...................	5	—
Pomata.................	4	—
Tambillo...............	3	—
Sepita.................	4	—
Desaguadero...........	2 [1]	—
	30	

[1]. En passant par Copacabana, le parcours est augmenté de 7 à 8 lieues.

CHAPITRE XI

Entrée en Bolivie.— Desaguadero. — Tiaguanaco. — La Paz. — Mines de Corocoro. — Col du Tacora. — État de la Bolivie. — Tacna. — Arica. — Embarquement pour le Chili.

Nous entrons en Bolivie par un pont flottant formé de faisceaux de joncs d'une espèce particulière connue sous le nom de totora. Ce pont traverse le Desaguadero du lac Titicaca qui sert de frontière aux deux républiques, unies jadis, aujourd'hui séparées du haut et du bas Pérou. Sur la rive bolivienne, un poste de soldats est établi pour la sûreté du territoire de cet État, et les voyageurs sont assujettis aux ennuyeuses formalités de la douane. Dans mes voyages tant en Europe qu'en Amérique, j'ai souvent été victime des vexations sans nombre de la douane; mais j'étais loin d'avoir prévu tous les désagréments qu'elle peut engendrer : la douane bolivienne allait compléter à cet égard mon expérience de touriste. Le douanier retourne et bouleverse le contenu de nos malles avec un sang-froid et une lenteur capables d'exaspérer l'Anglais le plus flegmatique ; il nous fouille des pieds à la tête. Désespéré de ne trouver ni sur nous ni parmi nos effets aucun objet soumis aux droits, il se saisit de nos papiers, et, malgré nos réclamations, il retient tous ceux qu'il ne comprend pas, même nos lettres de recommandation, ne nous laissant que nos passe-ports. Cette persécution est, dit-on, dans l'usage de la république, et, pour nous consoler, on nous annonce que nous retrouverons nos papiers à la police de la Paz. Cet usage me parut tyrannique de la part d'un État doté de libertés républicaines ; j'apprenais ainsi à mes dépens que la Bolivie vivait sous un régime plus dur et plus despotique que tant d'autres nations soumises à une forme de gouvernement moins libérale de nom et d'apparence. J'ai su, depuis, que les vexations qui m'avaient révolté n'étaient rien en comparaison de celles que l'on subissait du temps du président Belzu. A cette époque, les lettres envoyées à l'extérieur ne partaient qu'après une inspection préalable : un fonctionnaire spécial était chargé de prendre connaissance du contenu et de brûler celles qui renfermaient des opinions contraires aux idées du chef de l'État. Toute lettre en langue étrangère était alors irrévocablement supprimée, il fallait avoir recours à l'espagnol pour correspondre avec l'Europe. Belzu, comme tous les tyrans, est tombé, et sa chute n'a guère profité à ceux qui ont occupé après lui le siége de la présidence. Toutes les précautions employées par la douane sont des vexations gratuites, car rien n'est plus facile que de pénétrer en Bolivie par mille endroits non gardés, et quand le gouvernement est impuissant pour empêcher la contrebande des quinquinas, contrebande organisée sur une grande échelle, comment pourrait-il s'opposer à l'entrée de lettres et de journaux politiques?

Après un long temps d'arrêt à la douane, nous remontons en selle et nous suivons les bords de la lagune jusqu'à Huaqui où nous changeons nos mules de poste. De Huaqui à Tiaguanaco, on voyage, pendant quatre lieues, dans une quebrada large et désolée. La grêle qui était tombée quelques heures auparavant avait détrempé le terrain, et le sol était devenu si glissant que nous n'avancions qu'avec peine. Nous fûmes reçus à Tiaguanaco par un jeune curé auquel nous étions recommandés par le supérieur du couvent de Copacabana ; il nous traita avec affabilité et se mit à notre disposition pour nous servir de *cicerone;* nous acceptâmes avec reconnaissance une proposition aussi agréable.

A peu de distance du pueblo, on voit, au milieu d'un champ, trois blocs immenses dans lesquels sont taillés des siéges tournés vers la lagune Titicaca. La tradition rapporte que le prince y venait avec sa cour pour rendre la justice. Sur le devant de ces siéges sont placés d'autres blocs ayant 8 mètres carrés sur plus de 1 mètre d'épaisseur ; on remarque encore les entailles destinées aux clefs de métal qui les unissaient et leur donnaient de la solidité et de l'adhérence. Des pierres d'une taille irréprochable sous le rapport de la netteté des arêtes et contenant des croix grecques et autres ornements sculptés en creux, sont éparses de tous côtés. Il y a tant de confusion parmi ces ruines, et elles sont si dégradées, qu'il serait difficile d'émettre une opinion certaine sur l'édifice dont elles faisaient autrefois partie.

Les autres ruines qui se trouvent près de la route de la Paz n'offrent également aucun caractère saillant qui puisse servir de base pour établir à quel usage étaient destinées ces constructions gigantesques[1]. L'intérêt se porte, en premier lieu, sur un groupe de blocs énormes de grès rouge plantés en terre et ayant 4 à 5 mètres d'élévation ; placés à égales distances les uns des autres, ils forment un immense quadrilatère et sont en partie bruts, en partie taillés. Ces matériaux ont été amenés de loin, car dans la plaine où ils ont été employés, il n'existe aucune roche de la nature de celles qui ont servi à ces constructions. Je parlerai, en terminant, d'un des vestiges les plus curieux de cette civilisation : c'est une porte formée d'un monolithe d'une grande beauté qui vient malheureusement d'être partagée en

1. Certains écrivains pensent que ces monuments n'ont jamais été achevés.

deux par la foudre. La partie supérieure est ornée de sculptures en creux d'un travail singulier; le centre est occupé par une figure représentant sans doute le Soleil, et de chaque côté sont sculptés, sur trois rangs, des personnages agenouillés qui semblent rendre hommage au personnage du centre. Il existe encore, au-dessous, une série de têtes bizarres dont l'allégorie échappe dans l'état des connaissances actuelles.

Près de là s'élève une colline faite de main d'homme, dont la base, les flancs et le sommet sont couverts de blocs épars çà et là, parfaitement travaillés; une grande partie a déjà été enlevée pour bâtir les maisons modernes. On pense généralement que cette colline était entourée de remparts et avait été formée pour la défense du pays. Enfin, sur la place de Tiaguanaco, on nous montre, près de l'église, deux têtes colossales fort endommagées; une rapide inspection suffit pour démontrer que l'art du sculpteur était encore dans l'enfance chez le peuple auteur de ces œuvres.

La plupart des écrivains font remonter les édifices de Tiaguanaco à une époque antérieure à l'apparition de Manco Capac; ces constructions auraient été élevées par la race aymara dont la civilisation a été anéantie, sans qu'on ait conservé le moindre souvenir du grand cataclysme qui a produit un événement aussi considérable. En présence de ces considérations, il est vraisemblable que le germe de la civilisation des Incas était contenu en principe dans la civilisation à laquelle se rattachent les monuments imposants de Tiaguanaco.

Les villages que l'on traverse depuis le Desaguadero jusqu'à la Paz, Huaqui, Tiaguanaco, Tambillo, Laja, sont aussi dépeuplés et aussi misérables que ceux du Pérou; la population est plus laide et non moins malpropre. Les orages sont fréquents dans ces contrées, et la poussière qui monte en longs tourbillons vers le ciel, sous l'influence du vent, aveugle le voyageur. La grande place de Laja était encombrée de troupes boliviennes prêtes à marcher au premier signal contre le Pérou, qui semblait disposé à lui déclarer la guerre.

Entre Laja et la Paz s'étend une vaste plaine désolée et couverte de cailloux; les abords de la principale ville de Bolivie sont de la plus grande tristesse. La vue de la Cordillère et surtout de l'Illimani, ce géant des Andes, distrait seule de la monotonie des lieux qui vous environnent. La Paz paraît enfin au fond d'une quebrada dans un encadrement de verdure; des rochers à formes bizarres se dressent aux alentours, et la crête blanche du majestueux Illimani domine le pays tout entier.

La bajada[1] de la Paz est large et bien entretenue; mais la pente est si rapide, qu'on ne peut aller qu'au pas. Cette descente est évaluée à une lieue environ, et

---

1. Descente.

il faut une heure au moins pour arriver à la ville. Un espace de temps bien plus considérable est nécessaire pour la gravir, en raison de la difficulté de respiration que les mules éprouvent à la montée; néanmoins on m'a assuré que les Indiens la gravissaient en courant et en jouant de la flûte : ils ne sont pas sujets au *soroché*, et, à ce point de vue, ils tiennent du lama dont l'appareil respiratoire est conformé pour la Cordillère qu'il habite.

Arrivés au tambo le plus renommé de la ville, nous quittons à la hâte la tenue négligée de voyage, et, revêtus de nos habits les plus présentables, nous courons à la police réclamer nos lettres et nos papiers. Une de ces lettres était à l'adresse de M. Granier, négociant français, dont la maison est ouverte à tous les étrangers qui séjournent à la Paz, et dont l'hospitalité et l'affabilité franches et cordiales sont au-dessus de tout éloge. Nous trouvâmes chez lui un logement confortable et une table servie à la française; c'était nous rappeler le bien-être de notre patrie après une vie de privations et de souffrances.

La Paz de Ayacucho est une grande ville bâtie sur un terrain très-accidenté, au fond d'une quebrada verdoyante, où coule le petit rio de la Paz. Sa population est de 50,000 âmes : les Indiens Aymaras en composent la majeure partie. Les rues sont étroites et pavées de galets pointus; des trottoirs dallés sont ménagés pour les piétons de chaque côté de la chaussée. Les maisons sont assez propres et couvertes en tuiles. La grande place est ornée, au centre, d'une belle fontaine; une des faces est occupée par le palais du gouvernement, vaste bâtiment à plusieurs étages; à côté de ce palais, on construit la future cathédrale qui est encore peu avancée, malgré les sommes considérables déjà dépensées. Les six colonnes cannelées, qui décorent la façade, ont coûté un prix exorbitant, par suite de la cherté de la main-d'œuvre et de l'excessive lenteur des ouvriers; l'Indien qui sculptait les chapiteaux avait employé toute une année pour en confectionner un seul. Cette extrême lenteur dans le travail a lieu d'étonner le Parisien qui, dans un espace de temps moins long que celui employé par cet Indien à la sculpture de son chapiteau, voit s'élever autour de lui, comme par enchantement, des quartiers entiers et de somptueux palais.

L'Européen nouvellement arrivé à la Paz éprouve les effets d'un violent *soroché*; quand il parcourt la ville, il est obligé de s'arrêter souvent pour reprendre haleine, tant est grande la difficulté de sa respiration et l'oppression de sa poitrine. La raréfaction de l'air provient de la grande élévation de la Paz au-dessus du niveau de la mer; cette élévation est de 3,730 mètres.

La promenade publique ou *alaméda* est plantée d'arbres fruitiers rabougris; l'ombrage y est rare, aussi c'est plutôt un lieu de rendez-vous pour le soir après le coucher du soleil. Une série non interrompue de bancs immenses règne de chaque côté de l'allée principale, et offre aux visiteurs un facile repos. Une fontaine en pierre de Berenguela est placée au centre de l'alaméda; cette pierre de Berenguela est translucide et ressemble un peu à l'albâtre oriental; les carrières en sont exploitées à quelques lieues de la Paz. A l'extrémité de la promenade s'élève une galerie couverte, dont les murs sont cachés sous des tentures analogues à celles de nos cabarets de village : ce sont des papiers peints, représentant les batailles de notre premier empire ou les campagnes de l'armée française en Algérie. Mais le plus bel ornement de l'alaméda est, sans contredit, la vue de la masse imposante de l'Illimani, dont le sommet, élevé de 24,307[1] pieds au-dessus de l'Océan, disparaissait de temps à autre à nos regards au milieu des nuages, tandis que la ceinture de neiges éternelles qui entoure ses flancs resplendissait de tout son éclat aux derniers rayons du soleil couchant.

La bibliothèque de la ville est peu nombreuse, et le musée public ne renferme que quelques objets curieux : ce sont des vases antiques du pays, des momies, des armes, de rares spécimens d'histoire naturelle, le tout recouvert d'une couche épaisse de poussière et dans l'état de délabrement le plus déplorable.

1. Pentland a mesuré l'Illimani : sa hauteur serait, selon lui, de 21.149 pieds anglais.

La Paz, par la position atmosphérique de ses environs, offre un avantage unique; presque toute l'année, on y mange les fruits des tropiques et ceux des climats tempérés. Au pied de l'Illimani, on cultive les plantes des pays chauds : canne à sucre, cacao, café, orangers, ananas, avocats[1]; et à mesure que la culture s'élève sur la montagne, la température baisse, et le sol présente alors les productions de l'Europe.

Sous le rapport des mœurs, il y a une grande analogie entre le Pérou et la Bolivie : notre séjour à la Paz, et les notions que nous avons puisées dans la conversation de nos compatriotes établis dans ce pays, nous ont confirmé les récits des voyageurs qui ont visité cette république. Les dames de la Paz portent les modes françaises avec une exagération remarquable; elles ont adopté nos petits chapeaux et nos amples crinolines. Chez elles, elles sont à peine vêtues; un châle, jeté sur les épaules, cache aux regards le négligé de leur toilette. Leurs coiffures se rapprochent beaucoup des nôtres, sauf quand elles sont en deuil; alors elles abandonnent la coiffure européenne et ne font que deux longues nattes qu'elles laissent pendre par derrière, selon la mode indienne.

---

[1]. Ce fruit, nommé *palta* dans les colonies espagnoles et *avocat* dans les Antilles françaises, se mange, en général, avec du sel et souvent à l'huile et au vinaigre : il a beaucoup de saveur. Sa forme est celle d'une poire très-allongée.

Le Bolivien n'a que deux passions, mais il ne vit que pour les satisfaire : il aime le jeu et la boisson. Ce passe-temps, par la force de l'habitude, est devenu une nécessité ; l'oisiveté a engendré ces deux vices. Pendant que j'étais à la Paz, il se donna un grand dîner auquel assistèrent les autorités, ainsi que les personnes riches et notables de la ville ; le repas terminé, les convives disparurent tous, laissant seule la maîtresse de la maison : ils étaient allés jouer et fumer. Les joueurs s'installent ordinairement dans une chambre mal meublée, autour d'une mauvaise table éclairée par deux chandelles ; ils passent ainsi toute la nuit au jeu, perdant souvent de fortes sommes, et le propriétaire du local, qui réalise de beaux bénéfices en prêtant de l'argent à ses hôtes, ne leur offre même pas une tasse de thé.

Le Bolivien qui s'est ruiné au jeu ne s'attriste pas de la perte de sa fortune ; il quête un dîner par-ci, un déjeuner par-là, et il vit de la sorte, répétant partout et redisant sans cesse « qu'il ne manquera jamais d'amis et qu'il trouvera toujours une table pour s'y asseoir. *No le ha de faltar un triste chupe.* » En mangeant votre dîner, il rappellera sa prospérité passée et s'écriera avec emphase : « Moi aussi, j'avais autrefois une table bien servie ! » En Bolivie, on ne connaît pas d'exemple de suicide pour une fortune perdue au jeu : voilà la seule philosophie du pays !

Le soldat bolivien est un des types les plus originaux

qu'il soit possible de voir; il est à peu près habillé à l'européenne, mais la gaucherie de ses mouvements et la roideur de son maintien méritent une mention toute particulière. J'ai assisté à l'exercice ; rien n'égale la tournure grotesque des nouvelles recrues, si ce n'est peut-être celle des instructeurs. L'uniforme comprend des souliers, mais la chaussure est une gêne pour l'Indien, et, dès qu'il peut se débarrasser de ces entraves, il va pieds nus et semble avoir ainsi recouvré sa liberté.

Nous quittons la Paz le 17 décembre, regrettant de ne pouvoir profiter plus longtemps de la bonne hospitalité de M. Granier. La route jusqu'à Corocoro est aussi triste que la pampa que nous avions traversée en arrivant à la Paz : la distance qui sépare ces deux points est de vingt-deux lieues espagnoles. Corocoro est une petite ville de 10,000 habitants, bâtie dans une quebrada, au milieu de collines entièrement dépouillées de végétation : elle est redevable de sa prospérité aux célèbres mines de cuivre natif que renferment les cerros environnants. La formation géologique est intéressante en ce sens que le cuivre et l'argent existent dans une roche stratifiée sédimentaire ; la gangue de ces métaux est un grès psammitique friable. Le cuivre se présente, soit en grains disséminés dans cette roche avec plus ou moins d'abondance, soit en cristaux, soit en plaques connues à Corocoro sous le nom de *charquis*, ou en rognons d'inégales dimensions. Les strates contenant le cuivre et l'argent se nomment *vetas* ou *ramos* : la *veta* est inclinée vers l'est-nord-est de 75 degrés environ ; le *ramo* est incliné vers l'ouest-sud-ouest. L'exploitation de ces mines a lieu au moyen de galeries ou *socabons*, auxquelles aboutissent des puits latéraux et qui sont, en général, desservies par une voie ferrée. La mine de Remedios, appartenant à M. Hertzog, est aujourd'hui une des plus productives ; on y entre par une longue galerie, où circule un petit chemin de fer ; le cuivre s'y rencontre à l'état natif. Pour dégager le minéral des impuretés et de la gangue qui l'enveloppent, on le soumet à des opérations mécaniques. Le minerai est écrasé, soit sous des meules fonctionnant par l'eau ou par des mules, soit sous de grosses pierres taillées pour cet usage et mues par des Indiens. Cette dernière méthode, seule pratiquée autrefois, est encore maintenant la plus suivie. L'eau entraîne les matières étrangères plus légères que le minerai, qui est retenu par son poids. La poudre que l'on obtient par ce procédé est lavée à plusieurs reprises, séchée au soleil et exportée ainsi en Europe sous le nom de *barrilla*. A la fusion, on retire de la barrilla de 60 à 70 pour 100 de cuivre pur. La rareté du combustible et la difficulté de s'en procurer ont fait renoncer la plupart des mineurs à extraire eux-mêmes le cuivre de la barrilla par la fusion ; cependant M. Hertzog venait de faire construire, près de Corocoro, des fourneaux dans ce but : j'ignore quels ont été les résultats.

Le 22 décembre, nous allons nous reposer à cinq lieues de Corocoro, à Calacoto, où nous parvenons après avoir passé à gué le Desaguadero : le pont avait été renversé par le courant. Le terrain est très-mouvant dans cette partie ; de larges et profondes crevasses sillonnent la plaine en tout sens. Nous avions devant nous le pic du Sajama, dont le cône neigeux est un des plus élevés de l'Amérique.

Le lendemain, nous nous égarons dans les immenses *tolares* qui couvrent le sol à perte de vue ; les tolares sont des plantations de *tola*, baccharis résineux, qui est un combustible d'un grand prix pour un pays où l'on est réduit à se servir pour cet usage de *tacquia* ou excréments desséchés de lama. L'aspect général de ces contrées ressemble un peu à nos landes plantées de bruyères. A Vamburuto, la fièvre sévissait avec la dernière violence lors de notre passage, et les Indiens mouraient en foule : plusieurs maisons abandonnées attestaient les ravages déjà exercés par la maladie. En temps d'épidémie, l'Indien succombe malgré la vigueur de sa constitution ; le manque de soins et l'absence de médecins contribuent à augmenter le nombre des victimes. Par prudence, nous évitons tout contact avec ces pestiférés, et nous passons la nuit en plein air, malgré le vent et le froid.

Le 24, nous voyageons longtemps dans un défilé entre des rochers habités par des biscachas[1]; la crête dentelée de ces rocs affecte les formes les plus bizarres et les plus variées; on dirait des sculptures inachevées. En quittant cette quebrada, on arrive sur la hauteur au milieu d'un vaste cirque formé par de hautes montagnes. Nous touchons enfin à Echaraña, pueblo composé de pauvres chaumières dans un désert de sable.

Pour la quatrième fois, nous franchissons la principale chaîne des Andes au col du Tacora, dernière barrière qui nous fermât l'accès de la côte; l'aridité de la Cordillère nous impressionnait profondément sans pouvoir contre-balancer la joie qui s'était emparée de notre cœur en songeant au terme prochain de notre pénible expédition. Nous étions impatients et heureux de revoir bientôt l'Océan, et il nous semblait, à mesure que nous nous approchions du rivage de la mer, voir disparaître la distance qui nous séparait de notre patrie. Nous cheminons tout le jour au milieu des précipices, bravant la chaleur et résistant à la fatigue; nous ne voulions reposer que sur le versant qui regarde le Pacifique. L'atmosphère brûlante s'était peu à peu refroidie, le soleil venait de se coucher à l'horizon, l'obscurité s'abattit tout à coup sur la terre et nous enveloppa d'un voile épais; il n'y a pas de crépuscule dans ces régions,

---

[1]. J'ai déjà dit que la biscacha était un rongeur de la grosseur du lapin et à queue en pinceau, dont la chair était bonne à manger.

il n'y a aucune transition du jour à la nuit. Nous pressons le pas de nos mules : heureusement le tambo n'était pas éloigné, et la nuit était close quand nous arrivons à la Portada. Il existe en ce lieu une mine de cuivre sulfuré argentifère et une hacienda minérale[1]. Notre journée avait été de quinze lieues.

Nous avons, dans nos excursions, rencontré souvent des *apachetas :* je dirai ici un mot de leur formation. Sur tous les points culminants de la Cordillère du Pérou et de la Bolivie, le voyageur remarquera des monticules de cailloux dont l'existence est due à la superstition des Indiens, qui ne passent jamais auprès d'une apacheta sans y jeter une pierre. On m'a assuré que les Indiens, arrivant sur une hauteur, près d'une apacheta, plaçaient deux ou trois pierres au-dessus les unes des autres, en y attachant une idée superstitieuse, pour s'assurer de certains faits passés hors de leur présence, si, par exemple, il ne leur était pas survenu un malheur domestique en leur absence. Au retour, s'ils ne retrouvent pas les pierres dans la même disposition, ils y voient la preuve de leur infortune, et, rentrés chez eux, ils se vengent en accablant de coups et de reproches celle qu'ils considèrent comme coupable.

Rien n'égale la désolation des lieux déserts au milieu desquels s'opère si péniblement le passage de la Cor-

---

1. Une hacienda minérale est une hacienda où l'on bénéficie le minéral.

dillère au col du Tacora. A leur vue, qui pourrait se défendre d'un profond sentiment de tristesse ? Il semble que l'âme sent plus vivement dans ces vastes solitudes, où rien ne trouble le silence solennel de la nature, si ce n'est le vent qui souffle avec violence et siffle dans les rochers. On n'aperçoit pas trace de végétation, la neige seule couvre le sommet des pics qui s'élancent vers le ciel. La route est jonchée çà et là de squelettes et de cadavres d'animaux qui ont trouvé la mort dans ces régions inhospitalières. Il n'est pas donné à l'homme de pouvoir supporter longtemps la vue de tableaux affligeants sans chercher à s'y soustraire. C'est dans ces déserts affreux que l'on éprouve ce sentiment de faiblesse humaine ; l'esprit, pour échapper au présent, fait sur lui un effort qui le reporte vers le passé ou le transporte dans l'avenir. Alors les idées de religion, de patrie et de famille viennent assaillir le voyageur; que de reproches ne se fait-il pas d'avoir jadis méconnu son bonheur, lorsque, entouré dans son pays natal du confortable de la vie, d'une sécurité parfaite, des soins les plus tendres et les plus dévoués, il osait se plaindre de son sort et partageait son existence entre le mécontentement et l'ennui? Après cette confession en présence de Dieu seul, que de promesses le voyageur ne se fait-il pas pour son avenir ! combien il se propose de profiter, à son retour, d'une expérience si chèrement acquise dans ses pérégrinations ! que d'espérance et de bonheur dans son imagination ! Jusqu'où n'irait-il pas dans cette voie de félicité, si sa mule, en faisant un faux pas, ne l'arrachait brusquement à de si douces impressions ?

Jeunes gens qui avez du temps et de la fortune pour voyager, renoncez courageusement, pour quelques années, aux douceurs du foyer et aux fatigantes distractions de la capitale. Quelle expérience et quelle vraie félicité n'acquerrez-vous pas pour le reste de vos jours ! Qui n'a pas souffert, qui n'a pas eu de privations, n'éprouve que de fastidieux plaisirs qui tournent au dégoût de la vie. Le travail est la base du bonheur ; chacun à cet égard doit payer son tribut à la société.

Avant de quitter la Bolivie pour rentrer au Pérou, j'exposerai l'état actuel de cette république et je parlerai de son avenir. La Bolivie était autrefois un pays florissant ; le commerce du quinquina et les produits de ses mines avaient enrichi ses habitants et amené l'abondance au sein de sa population ; aujourd'hui elle est bien déchue de sa première prospérité, et les deux principales sources de sa richesse sont presque taries. Tipuani, il est vrai, fournit de l'or excellent ; Oruro possède des mines d'argent renommées et Popo des mines d'étain, Potosi est connu pour les trésors dont il a doté la Bolivie, Corocoro produit du cuivre en abondance ; mais les mines de Potosi et les *lavaderos* de Tipuani sont ou épuisés ou peu productifs, les gisements de cuivre de Corocoro appartiennent à des étrangers, et l'exploitation du quinquina, dont la Bolivie a eu longtemps le monopole presque exclusif, n'offre plus une rémunération suffisante. Jadis cette exploitation constituait un commerce d'exportation très-actif et très-important; il a été en partie anéanti par suite de la découverte de quinquina faite en Colombie dans les forêts voisines de Popayan.

La fortune publique a décliné avec la richesse des citoyens, puisque la perception, au profit de l'État, de l'impôt à la sortie des quinquinas et des lingots d'or et d'argent se trouve considérablement diminuée. D'un autre côté, les revenus des particuliers étant fort amoindris, chacun a restreint son luxe et sa dépense, et les ressources que la république retirait des droits de douane ont subi une décroissance proportionnée. L'industrie étrangère, qui envoyait ses produits en Bolivie et acquittait, à l'entrée, des droits très-élevés, est en quelque sorte bannie d'un marché perdu pour l'ancien continent. La Bolivie s'appauvrit tous les jours : c'est le sort réservé à tout pays qui reçoit de l'étranger plus de produits qu'il n'en exporte. Quand il y a balance entre l'exportation et l'importation d'un État, il peut subsister; mais que l'équilibre soit rompu par une importation exagérée, la prospérité publique décroît rapidement, la souffrance se manifeste de toutes parts, l'État dépérit, et, fatalement entraîné de jour en jour sur une pente funeste, il finit par succomber sans que rien puisse arrêter sa chute.

Aujourd'hui l'exportation de l'or et de l'argent est prohibée, et la Bolivie s'est constitué une nouvelle source de revenus dans la fabrication de la monnaie. Les pièces de quatre réaux qu'elle frappe et qu'elle met en circulation contiennent près de moitié de cuivre; par ce moyen elle parvient à réaliser un bénéfice annuel qui, provisoirement, comble en partie le vide résultant pour le trésor public de la diminution d'autres impôts. Mais elle a rencontré une concurrence fâcheuse pour son trésor dans l'Amérique du Nord, qui trouve fort avantageux d'émettre une monnaie au-dessous du titre légal; les États-Unis frappent donc un grand nombre de pièces de quatre réaux et les expédient au Pérou. C'est, du reste, une ressource bien éphémère pour la Bolivie, car il est question au Pérou de bannir cette monnaie de mauvais aloi.

La Bolivie est très-arriérée, et les révolutions, qui se succèdent sans interruption et à courts intervalles depuis de longues années, s'opposent à tout progrès. La situation géographique de cette république est un des obstacles les plus invincibles à sa prospérité et au développement de la civilisation : loin de tout contact étranger, elle languit dans un état de torpeur et de somnolence voisin de la mort. Cobija, seul port qu'elle possède sur l'Océan, est insuffisant pour un grand pays; en outre, un désert de sable sépare la côte des provinces intérieures et oppose une barrière presque infranchissable aux relations commerciales du centre de la république avec l'extérieur. Aussi, la plupart des marchandises que l'Europe envoie en Bolivie passent par le Pérou : débarquées à Arica, elles sont expédiées par Tacna et le col du Tacora. Tacna, ville péruvienne, est le marché de la Paz; son développement provient du commerce avec la Bolivie. Pour que ce dernier État puisse se relever et grandir, la condition capitale serait de posséder Tacna et Arica; la vitalité de la république bolivienne en dépend. Il est encore une autre considération qui doit entrer en ligne de compte et qui a empêché le commerce de prendre toute l'extension désirable, c'est l'impossibilité où se trouvent la France et les autres gouvernements de faire respecter les intérêts de leurs nationaux, souvent lésés et compromis par les révolutions ou les abus du pouvoir; aucune garantie sérieuse n'est offerte aux étrangers qui voudraient s'établir dans cette contrée, et nos canons seraient inutiles pour appuyer les réclamations des négociants français, injustement dépouillés de leur fortune. Si Arica était cédée à la Bolivie, ce pays cesserait d'être presque invulnérable, et un désert de cinquante lieues ne protégerait plus ce fâcheux état de choses.

Le délaissement dans lequel se trouve l'agriculture, dans ces contrées, est aussi une cause de faiblesse pour les gouvernements. Lorsque l'agriculture est prospère, elle devient une source inépuisable de richesses et de bien-être. Le travail de la terre moralise les populations, les rend plus stables, plus affectionnées au sol et plus faciles à gouverner. L'extraction de l'or, au contraire, démoralise, et, comme elle n'est que passagère, les populations tombent dans une misère d'autant plus dure à supporter, qu'elles ont joui de plus d'aisance et de luxe. Si, comme cela se pratique en Australie et en Californie, on avait fait marcher de front, dans l'Amérique méridionale, les travaux agricoles et les exploitations de mines, le Pérou et la Bolivie, au lieu de s'épuiser par d'incessantes révolutions. jouiraient sans doute aujourd'hui d'une grande prospérité.

Reprenons maintenant le récit de notre voyage et rentrons au Pérou. Depuis le col du Tacora jusqu'à Tacna on descend toujours; la pente très-rapide d'abord s'adoucit à mesure que l'on gagne la plaine. Pendant dix lieues environ, on chemine dans une quebrada entre deux cerros de sable, et la chaleur est tellement forte par le soleil, que le voyageur est presque suffoqué. De rares cactus se dressent de loin en loin ; un petit ruisseau arrose le fond du ravin, son lit est de chaque côté entouré de verdure, le maïs et la luzerne croissent sur ses bords. Nous laissons enfin derrière nous la Cordillère pour arriver à une plaine parsemée de verdoyantes oasis, et nous traversons des bosquets de grenadiers et de figuiers; c'est un changement complet de décoration, le pays commence à se peupler, des maisons habitées se montrent çà et là. Nous dépassons le village de Calama, un petit désert d'une lieue nous sépare encore de Tacna. A l'approche de cette ville, la verdure reparaît de nouveau, la vigne croît, et on voit des groupes de gracieux palmiers s'élever au milieu des faubourgs et des jardins.

L'hôtel de la *Bola de Oro* nous sert de gîte pour la première nuit; le lendemain, nous sommes accueillis avec la plus grande amabilité par M. Jules Hay, négociant français, pour lequel nous avions des lettres de recommandation; nous acceptons ses offres de franche hospitalité. Je suis heureux de pouvoir le remercier ici de son obligeance et de sa cordiale réception.

Tacna est une jolie petite ville; elle jouit d'un climat tempéré, et, s'il y tombe de forts brouillards pendant quatre mois de l'année, il ne pleut presque jamais. La société y est aimable, et on y rencontre des ressources qui en rendent le séjour agréable. Elle possède un théâtre, et les étrangers qui l'habitent y ont fondé un cercle constitué sur le modèle de nos clubs d'Europe; on a ainsi à sa disposition une collection intéressante de nos journaux et de nos revues périodiques; c'est de plus un lieu de réunion, où l'on se voit sur un terrain neutre. Les négociants français, anglais et allemands ont établi à Tacna des maisons de commerce importantes et reçoivent les produits de nos industries pour les expédier en Bolivie. Malheureusement l'activité des relations commerciales diminue chaque jour, et l'appauvrissement de cette république exerce une influence fatale sur la destinée de Tacna ; les faillites se succèdent rapidement et attristent la population. Dans les circonstances actuelles, la prudence exige que l'on ne fasse plus avec la Bolivie que des affaires au comptant, ce qui est une cause de ruine pour le commerce français dont la spécialité est le trafic des objets de luxe. L'utile passe avant le superflu, et, faute de capitaux, les produits français se vendent peu, malgré le goût qui les distingue. Les Anglais, au contraire, qui ont le monopole des articles communs et de première nécessité, écoulent leurs marchandises avec beaucoup plus de facilité ; le commerçant bolivien, qui est parvenu à réunir quelques fonds, n'achète à Tacna que les objets bon marché et indispensables à la vie.

L'Angleterre a sur la France un avantage incontestable qui lui permet de vendre meilleur marché, c'est qu'elle fabrique spécialement pour l'exportation en Amérique et qu'elle opère sur une grande échelle ; elle peut ainsi produire des articles adaptés au goût de la population à laquelle ils sont destinés. Il faut que les marchandises envoyées au Pérou et en Bolivie aient une belle apparence, et que leur prix soit peu élevé ; la qualité est malheureusement un luxe superflu. L'Américaine aime à changer fréquemment de toilette, elle ne porte souvent qu'une fois ou deux la même robe, il suffit donc que l'étoffe brille aux yeux et fasse de l'effet; dans ces pays, on ne se préoccupe jamais de la durée d'un vêtement. La France, à de rares exceptions près, fabrique pour sa consommation intérieure, et elle n'envoie sur les marchés étrangers que les articles qui n'ont pas trouvé leur placement sur son propre marché. Ce système fâcheux tend à ruiner notre influence commerciale; en adoptant celui que j'indique, c'est-à-dire en fabriquant spécialement pour chaque pays suivant ses besoins, non-seulement nous lutterions avec l'Angleterre à armes égales, mais, grâce à la supériorité de notre goût, nous réussirions assez facilement à soutenir avec avantage la concurrence de notre redoutable rivale. C'est là une guerre de bon aloi, digne de deux nations qui marchent à la tête de la civilisation; elle est glorieuse pour les deux peuples qui se disputent la suprématie sur le terrain de l'industrie et s'y livrent de pacifiques combats.

Le divertissement favori des habitants de Tacna, les jours de dimanche et de fête, consiste à monter à cheval et à aller passer la journée, à quatre lieues de la ville, sous un arbre magnifique de la famille des acacias, connu sous le nom de *vilca*, et, à l'ombre de son épais feuillage, on goûte, malgré les ardeurs du soleil, une agréable fraîcheur.

Un chemin de fer unit Tacna au port d'Arica; le trajet est de trois heures : c'est une grande amélioration pour la facilité des communications avec la côte. On évite ainsi un voyage fatigant et pénible à travers un désert de sable de quatorze lieues d'étendue.

Arica est un port fréquenté par les navires européens ; cette petite ville a pris un rapide accroissement et est devenue l'entrepôt principal de toutes les marchandises expédiées d'Europe en Bolivie. Un vaste bâtiment, faisant partie de la douane, reçoit ces marchandises, qui y restent souvent en dépôt jusqu'à leur vente ; on évite ainsi, moyennant une minime rétribution, de débourser longtemps à l'avance le montant des droits d'entrée, qui sont considérables.

On a construit, il y a quelques années, une belle jetée sur la mer ; dans ce but, on a creusé un cerro voisin du rivage, et on a découvert, dans les fouilles, des momies en abondance.

Notre voyage d'intérieur était achevé : le steamer anglais était en rade, prêt à lever l'ancre ; nous nous embarquons pour le Chili, et, le 1er janvier 1859, nous disons un dernier adieu au Pérou.

Je terminerai ici le récit de mon expédition ; les pays que j'allais visiter offrent de nombreuses ressemblances avec le pays que je quittais ; le Chili et la République Argentine sont mieux connus que l'intérieur du Pérou par les relations des voyageurs qui ont parcouru le continent sud-américain. Quant au Brésil, il a été également l'objet de fréquentes descriptions; cependant je me réserve de parler ultérieurement, dans des articles séparés, des mines d'or de Morro Velho, des *lavras* de diamants de Tijuco, des mœurs des sauvages Botocudos et de la colonie du Mucury.

Le Pérou, et surtout l'intérieur de cette contrée, avait tout spécialement attiré notre attention; nous cherchions l'inconnu, nous voulions étudier les restes d'une grande civilisation, et, dans le but de doter le nouveau monde d'une large artère qui reliât à l'Amazone et à l'Océan les provinces du centre dépourvues de moyens de communication, nous avions conçu la pensée de mettre notre jeunesse et notre santé au service de la science et de notre pays. Nous avons tenté d'accomplir cette tâche laborieuse et peut-être au-dessus de nos forces avec les faibles ressources dont nous disposions, espérant attacher le nom de la France à cette périlleuse entreprise. Le succès nous a souvent fait défaut; néanmoins, au milieu des dangers et des déceptions, le découragement ne nous a jamais gagné, et si les résultats de notre voyage ne répondent pas entièrement à nos premières espérances, nous avons du moins la consolation de pouvoir dire que la faute en est aux circonstances de force majeure qui nous ont dominés.

CHAPITRE XII

Résumé général et conclusion.

J'ai achevé la relation de mon voyage au Pérou, et cependant il me semble que ma narration resterait incomplète, si je m'arrêtais sans offrir au lecteur un résumé de mes études et de mes réflexions personnelles sur l'état actuel et sur les destinées futures de la République Péruvienne. Qu'il me soit donc permis, avant de terminer ce récit, de condenser, pour ainsi dire, le résultat de mes observations et de mes recherches.

Différence entre le Pérou actuel et le Pérou sous les Incas; motifs. — Quand on considère le Pérou de nos jours et qu'on se reporte ensuite par la pensée au Pérou tel qu'il est dépeint lors de l'invasion espagnole dans les ouvrages des historiens les plus estimés, on reste vivement frappé de la différence que présente cet État à ces deux époques, distantes de trois siècles. L'abondance et la prospérité de l'ancien empire des Incas contraste singulièrement avec l'aspect de pauvreté et de souffrance de la république actuelle.

L'agriculture avait enrichi cette contrée, et les travaux gigantesques, exécutés pour arroser les sables de la côte et rendre productifs des terrains stériles, attestent la haute sagesse des anciens monarques. « Om-« nium autem rerum, ex quibus aliquid adquiritur, « nihil est agricultura melius, nihil uberius, nihil dul-« cius, nihil homine, nihil libero dignius. » (Cicero, *de Officiis.*)

Les aventuriers espagnols, en abandonnant la culture des champs pour chercher une fortune rapide dans l'extraction des métaux précieux, ont ruiné le pays, qui n'a pas cessé de végéter depuis le renversement du trône des Incas. Les richesses acquises trop facilement nuisent souvent plus qu'elles ne profitent, l'Espagne en a fait la triste expérience; un travail long et laborieux est la seule base d'une fortune solide, comme dans la nature un développement rapide est la marque d'une existence éphémère. Le système suivi en Californie et en Australie est bien plus rationnel; dans ces vastes pays, profitant de l'expérience du passé, on a cherché et réussi déjà en partie à faire marcher de front l'agriculture et l'exploitation des mines.

Les successeurs de Manco Capac avaient parfaitement compris l'utilité et l'importance du travail, et ils avaient, en conséquence, promulgué des lois qui interdisaient formellement l'oisiveté, la regardant avec raison comme la source première de tous les vices. La constitution qui régissait le peuple quichua est fort curieuse à étudier; la vie de chaque citoyen était réglée, en quelque sorte, heure par heure depuis sa naissance jusqu'à sa mort; le fils devait exercer la même profession que son père, on vivait et on mourait dans la même condition sociale que ses ancêtres. Ce gouvernement, sans doute, ne favorisait guère le développement des lumières et de l'intelligence, mais il était parfaitement adapté au caractère nonchalant des indigènes. La sujétion tyrannique à laquelle étaient soumises les populations péruviennes avant le débarquement de Pizarre, était nécessaire à cette race quichua, qui se courbe, sans se plaindre, sous le joug du travail, mais que ses goûts innés portent vers la paresse et l'oisiveté. Des esprits libéraux blâmeront peut-être un semblable état de choses; au contraire, ceux qui pensent que la liberté est dangereuse ou impossible applaudiront, sans réserve, à une législation qui a porté de tels fruits. Sans être aussi exclusif que les partisans de ces deux opinions extrêmes, je ne puis me défendre d'un sentiment d'admiration bien légitime en songeant à tous les bienfaits répandus sur cette contrée par la domination des anciens souverains, et mon admiration redouble en comparant le présent avec le passé.

Sont-ce les institutions incasiques qui ont fait l'Indien quichua tel qu'il est aujourd'hui, ou bien la législation n'a-t-elle pas plutôt été merveilleusement appropriée à sa nature? Je serais disposé à admettre la seconde de ces hypothèses; quoi qu'il en soit, on ne peut nier que l'administration des Incas n'ait été très-paternelle, et des écrivains espagnols, qui ont été assez heureux pour voir le Pérou à l'époque de la conquête, ne se lassent pas de louer un gouvernement capable de produire ainsi le bien-être et le bonheur au sein d'un peuple tout entier.

Le Pérou n'offre plus aujourd'hui que de rares et de tristes vestiges de son antique opulence, et néanmoins, sous un gouvernement ferme, stable et éclairé, grâce aux ressources sans nombre qu'il renferme, ce pays si richement doté par la nature renaîtrait à la vie et reprendrait bientôt parmi les nations le rang qu'il mérite d'occuper.

Gouvernement. — La forme de gouvernement actuelle est une source inépuisable de discordes et de révolutions. Que les leçons de l'expérience et que le triste exemple de la Pologne ne soient pas stériles pour le Pérou! qu'il imite plutôt le Brésil et qu'il puise dans l'histoire de cet empire un enseignement salutaire! Un gouvernement électif, pour une courte période surtout, est un système désastreux pour un État. Tant que la constitution permettra à tout citoyen d'arriver au pouvoir, la république sera en danger; le seul moyen de la sauver d'un naufrage imminent serait de mettre un frein à l'ambition et d'élire un chef capable et désintéressé, soit à vie, soit au moins pour dix ans. Un pouvoir exécutif, fort et respecté, pourrait seul arracher le Pérou à l'anarchie et lui rendre sa prospérité passée.

Lorsqu'on étudie à fond le peuple péruvien, on découvre le vice capital qui mine cette société. Le principe fécond qui a fait la force de l'empire romain et qui a placé la cité de Romulus à la tête des nations, le principe d'autorité y est méconnu et foulé aux pieds. Et comment respecterait-on l'autorité, quand le représentant de ce principe, le père de famille, est privé de ce respect si légitime? La vieillesse ne jouit pas, au Pérou, de cette considération que nous accordons, à si juste titre, à ceux qui ont acquis, par une longue carrière, le droit de guider l'inexpérience de la jeunesse dans le sentier de la vie.

Lois, justice. — Le code péruvien est excellent; mais les meilleures lois sont sans utilité, quand chacun peut les enfreindre impunément; leur exécution n'est garantie par aucune sanction. Veiller à ce que la loi soit appliquée et la justice sévèrement rendue, nommer des magistrats inamovibles, intègres et éclairés, réprimer les abus avec soin et rétablir la confiance, c'est un des devoirs de l'autorité supérieure qui tient entre ses mains les destinées du pays.

Instruction publique. — L'éducation publique est fort négligée au Pérou, les classes aisées elles-mêmes vivent au milieu de la plus profonde ignorance. Je n'ai remarqué nulle part cet amour de l'étude, cette ardeur de s'instruire qui distinguent la jeunesse des autres nations, je n'ai vu partout que mollesse et insouciance dans cette société énervée par la chaleur et abâtardie par les excès. Il appartient au chef de l'État de stimuler l'amour-propre national et de fonder des chaires pour répandre la science et les lumières. Il faudrait aussi envoyer en Europe des jeunes gens d'élite pour y faire un noviciat laborieux dans les premières écoles de nos capitales.

Médecine. — La médecine et la chirurgie sont exercées dans les provinces de l'intérieur par des charlatans sans instruction; aussi, quand une épidémie se déclare, fait-elle de grands ravages, l'ignorance ne peut lui opposer aucun frein; la moindre maladie est un poison sans antidote. Ne serait-ce pas un bienfait signalé de substituer à ces empiriques ignorants des hommes instruits et habiles dans leur art?

Industrie et Commerce. — Les pays peu importants par leur population ou leur étendue n'ont pas intérêt à propager l'industrie dans leur sein et à produire pour leur consommation des articles manufacturés, surtout quand le prix de la main-d'œuvre est aussi élevé que dans l'Amérique du Sud. Il est bien préférable pour ces

États de se livrer à l'agriculture et de demander à l'étranger les objets fabriqués, nécessaires à leurs besoins. L'exportation des produits agricoles sert à payer l'importation, et les droits de douane, perçus à l'entrée des articles de provenance étrangère, sont un revenu considérable pour le trésor public.

Quand on discute une question économique, il faut l'envisager sous toutes ses faces, sous peine de commettre des erreurs grossières et de faire des fautes irréparables. Il est admis par plusieurs économistes que chaque nation ne devrait fabriquer que les articles qu'elle peut produire avec le plus d'avantage et au meilleur marché possible : ce serait assurément un grand bien pour le consommateur, mais si l'intérêt du consommateur doit être mis en ligne de compte, il n'est pas seul en jeu et ne doit pas être seul pris en considération. Ainsi, il est des industries en France qui ne craignent aujourd'hui aucune concurrence étrangère et qui n'ont pu se développer et fleurir qu'à l'ombre de la protection : abandonnées à elles-mêmes, elles auraient été étouffées dans leur germe, et la France eût été privée d'une source de revenus et de prospérité. D'un autre côté, il serait dangereux pour un État puissant de se mettre à la merci d'une nation rivale en abandonnant certaines industries, dont l'existence est indispensable à sa vitalité et qui constituent sa force et la rendent redoutable. Ainsi, que la France cesse la fabrication des armes de guerre, parce que ses voisins, ayant la matière première ou la main-d'œuvre à plus bas prix, peuvent produire à meilleur marché : les conséquences de cette mesure apparaîtront, avec leurs effets désastreux, le jour où la France, en guerre avec l'Europe coalisée, se trouvera réduite à ses propres ressources. Mais ce qui est vrai pour un grand État ne l'est plus pour les États d'un ordre inférieur ; ce qui est un avantage, une nécessité même pour les premiers, devient un inconvénient, une ruine pour les autres.

L'industrie a pris aujourd'hui un tel développement, et le génie de l'homme, si fécond en découvertes, lui fait faire chaque jour encore de tels progrès, qu'il est difficile ou impossible pour les petits États de lutter avec les grandes puissances qui disposent d'immenses capitaux : l'argent est le levier de l'industrie. Il n'y a, en général, que les manufactures importantes qui peuvent fabriquer à bas prix en donnant de beaux bénéfices : or, les grands États ont seuls une consommation intérieure suffisante pour alimenter ces établissements et peuvent se rendre maîtres, par des traités de commerce, des marchés extérieurs pour écouler l'excédant de leur fabrication.

Le Pérou, malgré la vaste superficie de son territoire, est à peine peuplé; il est donc dans la condition des petits États : l'industrie ne pourrait, avec la protection la plus efficace, résister à la concurrence étrangère; l'agriculture, au contraire, a un brillant avenir.

L'anarchie qui règne au Pérou nuit beaucoup à ses relations commerciales; la paix et la concorde, en assurant au commerce une ère de tranquillité, augmenteraient la confiance des négociants étrangers et leur permettraient de se livrer à des opérations d'un succès moins incertain; tout le commerce en gros est concentré entre les mains des étrangers, fait bien digne de remarque dans un pays où tout citoyen est commerçant. Les révolutions, qui se succèdent presque sans interruption, amènent la stagnation des affaires, arrêtent la civilisation dans son essor, ruinent ou compromettent les intérêts de nos nationaux établis dans cette contrée.

Le Pérou est, pour la France, un marché assez important, et notre industrie y trouve un débouché précieux; il faut donc chercher non-seulement à maintenir notre situation actuelle, mais encore tâcher de gagner du terrain sur nos concurrents. Certains articles français ont sur les produits identiques des autres nations une supériorité incontestable et obtiennent la préférence; nos efforts doivent tendre à conserver cette supériorité d'une part, et à surpasser nos rivaux dans les industries où nous leur sommes inférieurs. Je répète ici, à dessein, un moyen que j'ai déjà indiqué : pour lutter à armes égales et soutenir la concurrence étrangère sur les marchés américains, il suffirait à la France de fabriquer spécialement pour l'Amérique du Sud, en se conformant aux besoins et au goût de ces populations méridionales. Notre religion facilite, en outre, nos rapports avec les États catholiques du nouveau monde; elle est une cause de prépondérance pour la France : sachons tirer parti de tous nos avantages.

L'exportation, au Pérou, ne se compose que des produits bruts du sol ou des toisons des troupeaux élevés dans la Cordillère. L'industrie y est dans l'enfance, et cette contrée ne possède aucune manufacture : aussi l'importation comprend-elle, à peu d'exceptions près, tous les articles fabriqués consommés dans le pays.

Le commerce rencontre, au Pérou, certaines entraves qui lui causent de graves préjudices, il serait facile d'y apporter un remède en introduisant quelques réformes indispensables. Le gouvernement devrait d'abord prohiber la circulation de l'argent bolivien; cette mesure serait favorablement accueillie : la fabrication de cette monnaie de mauvais aloi constitue un revenu pour la Bolivie, mais le Pérou en souffre en pure perte. Si l'argent avait le titre légal, les négociants étrangers rencontreraient moins de difficultés pour faire leurs retours en Europe, et ils les feraient, au besoin, en numéraire. L'or et les traites sur Londres ou Paris se vendent un prix bien plus élevé, par suite du cours forcé de cette monnaie dont la valeur réelle représente à peine la moitié de sa valeur nominale. A Lima surtout, le commerçant éprouve un dommage considérable, n'ayant pas, comme à Tacna ou à Aréquipa, la faculté de faire ses retours en quinquinas, en laines ou en cuivre.

Mines. — Les gisements d'or et d'argent, au Pérou, sont actuellement abandonnés ou presque improductifs : ces richesses minérales pourraient renaître sous une direction intelligente. Des compagnies anglaises sont organisées au Mexique et au Brésil pour l'exploitation des mines, il pourrait se former une société française dans le même but. Ainsi, pour ne citer qu'un exemple, le minerai argentifère du cerro de Pasco est très-pauvre aujourd'hui; mais, en épuisant l'eau qui a envahi les mines, les riches filons, submergés en ce moment, pourraient être de nouveau exploités; la réussite de cette entreprise dépend de l'habileté de l'ingénieur qui serait choisi pour diriger les travaux. En outre, des recherches persévérantes amèneraient, sans doute, la découverte de nouveaux gisements importants.

Agriculture. — La population de la république n'atteint pas, en ce moment, le chiffre de 1,800,000 âmes; elle a décru dans une proportion très-notable depuis la conquête, puisque, s'il faut croire certains auteurs, elle était dix fois plus considérable sous le gouvernement des Incas; cependant, à cette époque, les récoltes suffisaient à nourrir les habitants, tandis qu'aujourd'hui le Chili et la Californie importent des grains au Pérou. Comment, avec un climat propice et des engrais en abondance, le Pérou ne produit-il pas la quantité de blé nécessaire à sa propre consommation ? Il me semble que dans les conditions favorables où il se trouve, loin de se fournir à l'extérieur, il devrait pouvoir exporter. Mais ce qui est plus étonnant encore, c'est que la plus grande partie du chocolat vendu au Cuzco provienne de l'Équateur, et que le chocolat indigène soit beaucoup plus cher que celui de provenance étrangère, quand le cacaoyer croît avec succès dans les vallées tropicales qui sont à peu de distance de cette ville. Ainsi, tous les avantages que la nature a prodigués au Pérou d'une main si libérale demeurent stériles ; une existence trop facile devient un malheur pour un peuple, s'il ne sait pas apprécier les bienfaits du ciel et s'il s'endort dans une honteuse inertie.

L'agriculture est peu avancée au Pérou ; tous les terrains arrosés sont fertiles, et le sol produit alors presque sans travaux préparatoires ; les parties sablonneuses elles-mêmes peuvent être fécondées par le guano. Cette facilité de récolter sans peine entretient la nonchalance du Quichua, et malheureusement on ne réussit à secouer quelque peu son apathie naturelle qu'en lui créant des besoins et en favorisant ses vices : il ne travaille guère que dans le but de se procurer les moyens de satisfaire sa passion pour les liqueurs fermentées. Le bon législateur, a dit Montesquieu dans son *Esprit des Lois*, est celui qui s'oppose aux vices du climat : aussi la création du tribut, exigé autrefois des Indiens, fut l'œuvre d'une bonne législation ; il forçait l'indigène à vaincre sa paresse, afin de s'acquitter envers l'État. Cet impôt était sage et moral ; sa suppression a été un acte doublement fâcheux : elle a eu pour effet de priver le trésor public d'un revenu et l'agriculture de l'une de ses ressources.

En résumé, le Quichua, malgré sa nonchalance, travaillait, du temps des Incas, pour exécuter la loi, et, depuis, pour payer l'impôt. Aujourd'hui la loi et l'impôt n'existent plus, et l'Indien, je le répète, ne se soumet guère au travail que pour assouvir ses mauvais penchants. La morale est donc ici en défaut : un but louable, le travail, a un triste résultat, l'orgie. Aussi le législateur, s'il ne veut voir le mal empirer, doit s'empresser de rétablir le tribut ou d'employer d'autres mesures efficaces pour mettre un frein à l'intempérance, tout en bannissant, autant que possible, l'oisiveté et les vices qu'elle entraîne à sa suite.

La culture du mûrier et la production de la soie seraient une heureuse innovation pour ces contrées.

J'ai indiqué ailleurs tout le parti que l'on pourrait tirer de l'élève du bétail dans les immenses plaines des Andes, je ne reproduirai pas ici ces détails.

Colonisation et exploration des contrées du centre de l'Amérique du Sud. — Le manque d'habitants est une plaie pour le Pérou, et toute la région des forêts vierges, malgré sa fertilité prodigieuse, reste improductive, faute de bras pour la cultiver. L'avenir de cette république dépend de la colonisation, et la colonisation dépend, en partie, de l'exploration des fleuves du centre de l'Amérique. La situation d'une colonie est de la plus haute importance pour sa prospérité : les terrains qui s'étendent sur chaque rive des affluents de l'Amazone semblent offrir à cet égard tous les avantages désirables. Mais il faudrait que le gouvernement péruvien inspirât quelque sécurité à l'Europe et présentât des garanties sérieuses à l'émigration ; mettant à profit les trésors naturels dont il dispose en abondance, il devrait commencer par ouvrir de larges routes pour faciliter les communications et encourager l'exploration des contrées inconnues, arrosées par les tributaires du Marañon (Amazone). Les sacrifices que s'imposerait la république dans un but aussi louable seraient largement compensés par la puissance qu'elle acquerrait dans l'avenir.

Le gouvernement des États-Unis est celui qui a le mieux compris la colonisation ; aussi les colons ont-ils afflué par milliers dans l'Amérique du Nord. Une condition essentielle pour qu'un pays puisse se peupler, c'est de posséder des moyens de communication. Toutes les voies naturelles, les grands fleuves et les grands lacs, ont été utilisées pour aider à l'émigration vers les provinces de l'ouest ; l'art a suppléé à l'insuffisance de la nature ; des lignes de chemins de fer sillonnent l'Union dans toutes les directions, portant la civilisation et la vie jusqu'au milieu des déserts les plus reculés. Ces voies ferrées ont été établies avec beaucoup d'économie ; c'était la seule manière possible, pour une nation née la veille, de parvenir, en peu de temps et avec des capitaux restreints, à doter de moyens de transport praticables et rapides une région aussi vaste et encore aussi peu habitée.

L'Amérique méridionale n'a rien à envier à l'Amérique du Nord au point de vue des communications naturelles ; l'Amazone est une véritable mer intérieure qui partage le continent sud-américain, et ses affluents, qui sont eux-mêmes de grands fleuves, arrosent le centre de ces vastes contrées. J'ai énuméré dans ma relation tous les avantages que le Pérou, le Brésil et l'Europe retireraient de l'exploration et de la navigation de ces immenses cours d'eau, je ne reviendrai pas sur ce sujet.

La France a toujours marché à la tête de la civilisation, aucune gloire ne lui a été refusée ; sur le terrain de l'industrie, elle s'est placée à côté de l'Angleterre, et son commerce augmente tous les jours. Les deux peuples les plus puissants de l'Europe, ennemis naguère encore, oublient leur haine et leurs querelles séculaires pour ne se livrer désormais que de pacifiques combats. La France, comme l'Angleterre, étend, chaque année, le cercle de ses relations commerciales ; une nouvelle occasion se présente d'accroître notre influence, ne la laissons pas échapper.

Il serait glorieux pour notre patrie d'entreprendre une exploration dont les résultats seraient d'une utilité universelle. Des voyageurs français pourraient être envoyés en Amérique avec la mission d'explorer les affluents de l'Amazone et principalement le rio Purus ; la navigabilité de l'un de ces affluents une fois reconnue, une société privée pourrait être constituée dans le but d'établir une navigation régulière sur ce cours d'eau. Le gouvernement péruvien accorderait, sans nul doute, sa protection à cette compagnie, et un traité pourrait être conclu pour lui assurer la concession des terrains qui bordent un ou plusieurs de ces fleuves avec le monopole de cette navigation intérieure. L'empereur du Brésil, dont les lumières et les vues libérales sont bien connues, ne refuserait pas, en ce qui le concerne, de favoriser cette noble entreprise.

La France serait ainsi en possession du marché des provinces du centre ; le transport des marchandises par le cap Horn et la voie d'Aréquipa sera abandonné, lorsque le trajet par les fleuves sera praticable. Les communications du Cuzco et des départements voisins avec l'Europe seront alors plus faciles, plus rapides et plus économiques.

L'émigration ne se porte plus aux États-Unis avec la même ardeur, l'Union n'offre plus aux Européens les mêmes avantages que par le passé, le moment est favorable pour attirer les émigrants vers d'autres régions, et aucun point du globe ne sera plus propice à l'établissement d'une colonie que les rives des grandes rivières qui se jettent dans le Marañon [1]. La chaleur n'est pas si forte que les Européens ne puissent travailler sous les tropiques; j'ai visité au Brésil une colonie, située non loin de Bahia, où les terres avaient été défrichées et étaient cultivées par des blancs. Le climat n'est donc pas un obstacle à la colonisation de ces pays par les classes pauvres de notre hémisphère, et le Brésil n'a plus d'autre espérance pour peupler et cultiver son vaste territoire depuis que, la traite des nègres étant abolie, il ne peut plus recruter sa population ouvrière sur les côtes d'Afrique. La culture de la canne à sucre et celle du coton, qui ont enrichi Cuba et la Louisiane, suffiront à faire la fortune des nouveaux colons.

La compagnie organiserait un service pour transporter les émigrants et les marchandises à destination des provinces centrales de l'Amérique. Elle ferait des avances aux colons, comme cela se pratique au Brésil [2];

---

1. Marañon ou Amazone.
2. Colonie du Mucury, située entre Rio-Janeiro et Bahia.

chaque émigrant serait transporté aux frais de la société, qui lui concéderait un terrain d'une dimension convenue et lui fournirait des vivres pendant un an ou deux. Ces avances seraient remboursées par annuités à partir de la troisième année, époque où le colon, ayant déjà défriché son lot de terre, commence à récolter. Je désirerais que la compagnie donnât à chaque nouvel arrivant un demi-arpent prêt à être cultivé et une maison en planches; le découragement, en effet, s'empare souvent de l'Européen transplanté à quatre ou cinq mille lieues de sa patrie, quand il se trouve isolé au milieu d'une forêt à abattre et sans un toit où chercher un abri. Les premiers mois surtout sont durs pour les nouveaux débarqués; c'est afin d'éviter cet écueil et d'adoucir leur sort que je propose ces quelques améliorations. La société recouvrerait plus tard ces dépenses premières, les récoltes futures seraient le gage du remboursement de ces avances. Si la vie du colon est d'abord pleine de fatigues et de privations, après deux ou trois ans il est récompensé avec usure de son courage et de son énergie.

Il est un moyen efficace, pour le gouvernement péruvien, de réussir dans ses projets de colonisation, c'est de s'imposer un sacrifice pécuniaire. Il accorderait à la compagnie une somme déterminée par chaque colon, et la compagnie s'engagerait, de son côté, à livrer à l'émigrant un terrain de telle contenance, un demi-arpent défriché et une maison en planches, moyennant tel prix payable à telle échéance. Un comité de surveillance serait institué pour présider à l'exécution du traité et juger les différends survenus en ces matières.

La religion serait appelée à sanctifier cette entreprise ; des missionnaires français apporteraient le concours de leur zèle et de leur dévouement, et ils accompliraient leur œuvre de civilisation en fondant des missions et des églises dans ces solitudes et en annonçant la parole de Dieu aux peuplades sauvages.

Ces projets de navigation et de colonisation ne doivent point être rejetés ou dédaignés comme de vaines utopies : ils se réaliseront facilement le jour où les affluents de l'Amazone auront été explorés, et cette époque, je l'espère, n'est pas éloignée ; ils peuvent même déjà se réaliser en partie, puisque l'Ucayali est parfaitement connu. Ce rio arrose un pays très-fertile, et il est navigable pour des bateaux à vapeur jusqu'à Maynique, situé à 70 lieues du Cuzco ; rien ne s'oppose à ce que l'émigration se porte sur les rives de ce fleuve, qui paraissent propices à l'établissement d'une colonie.

Il serait donc désirable pour la civilisation et pour la grandeur du Pérou qu'une émigration européenne vînt peupler un pays qui, entre les mains des habitants actuels, dépérit et dégénère chaque jour et reste inutile pour tous, malgré les ressources les plus diverses accumulées de toutes parts. Ces éléments de prospérité, stériles aujourd'hui, fructifieront sous l'influence de colons intelligents et énergiques. Puisse ce vœu trouver un écho en Europe! puisse le gouvernement péruvien comprendre la noble tâche qu'il a à remplir! Que l'intérêt privé se taise devant l'intérêt public, et à l'anarchie succédera la concorde.

La destinée du Pérou est de devenir grand par l'agriculture et le commerce; les Incas avaient développé en partie ces germes de grandeur, étouffés depuis par une direction funeste; mais espérons que prochainement la Providence fera sortir le Pérou de sa léthargie : il redeviendra alors une contrée florissante et une puissante nation.

PIÈCES ANNEXES

RAPPORT

SUR LA PARTIE GÉOLOGIQUE ET MINÉRALOGIQUE

Du Voyage de MM. GRANDIDIER frères (Ernest et Alfred)

DANS L'AMÉRIQUE MÉRIDIONALE,

Lu à la section des sciences du Comité des travaux historiques et des Sociétés savantes, le 21 mai 1860.

Par un arrêté, en date du 24 octobre 1857, Son Excellence M. le ministre de l'instruction publique a confié à MM. Grandidier frères (Ernest et Alfred) une mission scientifique gratuite. L'objet de cette mission était primitivement de traiter certaines questions de physique du globe. Obligés, par suite de circonstances indépendantes de leur volonté, de changer le plan de leur voyage quelques mois après leur départ, et placés dans l'impossibilité de se livrer à des observations physiques et astronomiques, MM. Grandidier résolurent de profiter de leur présence dans des régions où il y a encore tant à apprendre, pour visiter les mines et s'occuper d'histoire naturelle, espérant, dans une entreprise où ils ne devaient épargner ni fatigues, ni dépenses, pouvoir se rendre utiles à la science.

Ce voyage a duré deux ans, et, dans cet intervalle, ils ont

traversé cinq fois les Cordillères, visité le Pérou, la Bolivie, le Chili, les provinces argentines et le Brésil.

Dans ces contrées, ils ont recueilli divers objets d'histoire naturelle :

1° Une collection de reptiles, donnée par nos jeunes voyageurs au Muséum d'histoire naturelle, et dont l'administration de cet établissement s'est plu à constater l'intérêt, et à cause du bon état de conservation dans lequel elle se trouve, et en raison de son origine;

2° Une série de graines qu'ils ont pensé pouvoir être l'objet d'une acclimatation, et qu'ils ont à cet effet adressées à la Société impériale zoologique d'acclimatation;

3° Une nombreuse collection d'échantillons de géologie et surtout de minéralogie, qu'ils offrent à M. le ministre pour nos musées.

Son Excellence ayant demandé à la section des sciences un rapport sur les objets recueillis par MM. Grandidier, M. Gratiolet a été chargé de l'examen de la collection de reptiles. J'ai eu l'honneur d'être désigné pour la partie géologique et minéralogique.

L'aîné des deux frères, M. Ernest Grandidier, s'étant plus spécialement occupé d'histoire naturelle, m'a fourni, sur les nombreux échantillons qui composent ces collections, tous les renseignements qui pouvaient m'être utiles. Elles sont d'ailleurs dans un ordre parfait, tout est étiqueté et catalogué avec soin.

Sur 900 échantillons rapportés par MM. Grandidier, 700 environ proviennent du Pérou, 100 de la Bolivie, 50 du Chili et 50 du Brésil.

Dans le nombre, les minerais dominent. Les mines d'argent du Cerro de Pasco (Pérou) sont représentées par des échantillons d'une grande richesse. Il s'y trouve aussi de beaux exemples de minerais en filons; je citerai notamment le cuivre argentifère de Ianacancha, la pyrite argentifère de Santa Rosa, la galène argentifère de la même localité. Autrefois ces mines donnaient des produits bien plus considérables qu'aujourd'hui. Des travaux mal dirigés ont nécessité l'abandon des plus riches filons, et la prospérité de la ville a diminué de telle façon, que sa population, qui était de 20,000 âmes, est réduite à 7,000.

MM. Grandidier ont également visité la mine d'argent du Manto à Puno (Pérou). Celles de cuivre de Morococha (Pérou), situées à 5,000 mètres au-dessus du niveau de la mer, sont exploitées par des Allemands et beaucoup mieux dirigées qu'au Cerro de Pasco.

Toutes ces mines sont sur le plateau élevé qui est compris entre les deux chaînes parallèles des Andes.

Dans ce voyage, si intéressant au point de vue minéralogique, la géologie, beaucoup plus difficile à faire, à moins d'une préparation spéciale bien rare et qui demande beaucoup de temps, n'est pas sans avoir obtenu quelques renseignements qui sont loin d'être sans valeur.

Alcide d'Orbigny, qui avait parcouru des régions voisines avec tant d'ardeur et de succès, avait signalé l'existence des terrains primaires (siluriens, devoniens et carbonifères) sur les versants orientaux des Andes boliviennes dans une étendue de plus de 300 lieues, depuis la province de Muñecas, en passant par Cochabamba, Potosi et Chuquisaca, jusqu'auprès de Santa Cruz de la Sierra.

Or, parmi les échantillons rapportés par MM. Grandidier de l'île de Titicaca, où d'Orbigny paraît n'avoir pu aborder, il s'en trouve de tout à fait caractéristiques. Les uns sont une roche bien connue en Europe sous le nom de *grauwacke*; elle en porte non-seulement les caractères minéralogiques, mais les fossiles ordinaires, c'est-à-dire ces *spirifères* à grandes ailes, si fréquents dans cet horizon géologique. Les autres appartiennent à un calcaire noir cristallin rempli de débris d'encrines. Ce calcaire a la plus grande analogie avec celui que les géologues désignent sous le nom de *calcaire de l'Eifel* et qui appartient, comme la grauwacke, au terrain devonien, et aussi avec le *calcaire carbonifère*.

Je signalerai également des fossiles appartenant aux échinides, et qui m'ont paru être de l'espèce *hemiaster Fourneli*. Ce fossile, caractéristique de la craie moyenne (craie marneuse de Brongniart), provient de Huallanca (province de Huamallas, Pérou). MM. Grandidier se sont avancés dans la Bolivie; les mines de cuivre de Corocoro, au sud de la Paz, leur ont fourni de remarquables échantillons de cuivre natif, les uns en lames, les autres en octaèdres réguliers.

Parvenus à Arica, ils se sont rendus par mer au Chili, où ils ont étudié les mines d'argent de Copiapo.

J'ai déjà eu occasion de parler, dans la *Revue des Sociétés savantes*, de ces mines. D'après une notice de M. L. Gruner, le produit, en 1852, a été de 23,168,030 kilog. d'argent. A cette époque on commençait à relier Copiapo, chef-lieu de la province, au port de la Caldera par un chemin de fer. Le rapport de MM. Grandidier ne nous fait pas connaître si cette voie de communication, qui fonctionne depuis 1855, a augmenté considérablement l'importance de l'exploitation ; mais il signale, dans la législation espagnole qui régit encore les mines des républiques hispano-américaines, des dispositions qui sont de nature à nuire singulièrement à la prospérité de l'industrie minière.

Le minerai du Chili est d'une richesse exceptionnelle ; d'après M. Gruner, il contient 0,015 d'argent, sept fois autant que le minerai du Mexique et du Pérou, dix fois autant que celui de Potosi (Bolivie).

La collection de MM. Grandidier renferme de magnifiques et volumineux échantillons d'argent natif, d'argent rouge, de chlorure, et surtout de chlorobromure d'argent, minéral encore rare dans les collections.

Les mineurs traitent par l'amalgamation l'argent natif, les chlorure et bromure d'argent, ils exportent en Angleterre les minerais où l'argent est associé au soufre, à l'arsenic, etc.

Enfin, je citerai encore parmi les minéraux recueillis par MM. Grandidier, et qui se recommandent par leur rareté dans les collections, le borate de chaux et de soude d'Iquique, la jamesonite de la Bolivie, le cuivre vanadiaté de Coquimbo, et l'oxyde noir de cuivre de Copiapo.

Du Chili, MM. Grandidier se sont dirigés sur le Brésil, en gravissant, pour la cinquième fois, la Cordillère, et traversant la confédération argentine.

Cinquante échantillons provenant, soit des anciennes mines de topazes d'Ouro-Preto, soit des mines d'or de Morro Velho, près Sabara, où le minerai est un sulfure de fer aurifère, soit enfin des mines de diamants des environs de Tijuco ou Diamantina, complètent le total de leurs récoltes, et montrent que nos voyageurs ont constamment cherché, malgré le prix élevé et la difficulté extrême des transports, à se mettre en mesure d'enrichir les musées du gouvernement, dont le haut patronage leur a procuré partout l'accueil le plus bienveillant.

En résumé, ce voyage de deux années a été exécuté par MM. Grandidier avec un courage qu'on ne saurait trop reconnaître. Les fatigues de tout genre qu'ils ont eu à supporter et auxquelles leur escorte a quelquefois succombé, l'activité avec laquelle nos voyageurs vont de mine en mine, sans oublier les roches variées qui affleurent sous leurs pas, le soin qu'ils mettent à visiter les ruines des diverses époques, l'intrépidité qui les pousse, dans un but d'utilité, à se lancer au nord de Paucartambo dans ces vastes forêts vierges, où jusqu'ici nul Européen n'avait encore pénétré, résolus de descendre le fleuve Madre de Dios jusqu'à l'Amazone, afin d'ouvrir au Pérou une voie de communication nouvelle et meilleure avec l'Atlantique, tout indique chez nos voyageurs ces caractères fortement trempés pour le bien et que nous voudrions voir plus communs dans notre jeunesse française.

Certes, s'il est, pour un jeune homme riche, un moyen de se préparer à faire bonne figure au milieu de ses contemporains, ce sont ces voyages de découvertes où, à chaque pas, il faut tirer de son esprit, de son caractère, de tout son être, en un mot, les ressources variées dont le germe y est déposé et ne demande qu'à se développer.

C'est donc une institution éminemment utile que ces missions scientifiques; elles préparent des hommes d'élite. Il est à désirer que la jeunesse les recherche et qu'elle s'y prépare par quelques années d'études spéciales d'histoire naturelle et de géographie physique. On a souvent et avec raison déploré chez nous l'oisiveté ou l'existence tristement agitée de la plupart des jeunes gens riches[1], tandis qu'à l'étranger les voyages scientifiques sont devenus presque un usage, un complément indispensable d'éducation. Ils contribuent, sans aucun doute, à développer ces caractères individuels fermes et énergiques si nombreux chez certaines nations. Le Français est aussi heureusement doué sous ce rapport qu'aucun autre peuple. Il n'y a, pour s'en convaincre, qu'à suivre dans les détails de leurs campagnes nos soldats et nos officiers; bien mieux, il n'y a qu'à voir quels sont les hommes qui dirigent d'une manière si ferme les destinées de la France, aussi bien celui qui les domine tous que la plupart de ceux qui l'entourent, ministres ou grands dignitaires. Ils ont tous passé, à des titres divers, par ce dur noviciat d'une jeunesse laborieuse et rudement éprouvée. Pourquoi donc, quand l'énergie du caractère et la persévérance du travail ont donné à une famille la richesse et l'éclat d'un beau nom, les enfants dégénèrent-ils si rapidement, et pourquoi faut-il que de nouveaux plébéiens viennent s'élever à leur place pour rendre au pays des services trop lourds pour les patriciens abâtardis? Certes, ce n'est pas moi qui réclamerai le rétablissement des castes en France, et qui me plaindrai de ce renouvellement qui amène sans cesse au jour les forces vives de la nation. Mais qui donc aussi pourrait se plaindre que la jeunesse riche se résolût

---

1. Cette question a été traitée en 1858 devant l'Académie de Lyon par feu le docteur Bonnet (voir *Revue des Sociétés savantes*, avril 1860, 2ᵉ série, t. III, p. 484).

enfin à lutter pour conserver son rang? D'ailleurs, pour tout ce qui nécessite la possession de grandes ressources pécuniaires, pour les expéditions lointaines, pour les voyages d'exploration, elle ne serait en lutte qu'avec l'étranger, elle contribuerait à rendre à la France une supériorité qu'elle a perdue.

L'exemple de MM. Grandidier, qui, à vingt et vingt-quatre ans, s'en vont subir deux années de fatigues incroyables, de privations de toutes sortes, soutenus uniquement par le désir de s'instruire et d'être utiles, et qui rapportent de cette entreprise des résultats sérieux, ne saurait être trop encouragé. Je crois de mon devoir de le signaler hautement à l'approbation de Son Excellence.

E. HÉBERT,

Professeur de géologie à la Faculté des sciences de Paris, membre du comité.

(Extrait de la *Revue des Sociétés savantes*. — Septembre 1860.)

LETTRE DE M. DUMÉRIL

PROFESSEUR AU MUSÉUM D'HISTOIRE NATURELLE DE PARIS,

SUR LA COLLECTION DE REPTILES

Rapportés par MM. GRANDIDIER de leur voyage en Amérique.

Monsieur,

Je viens vous adresser quelques détails sur la collection de reptiles dont vous avez bien voulu faire don au Muséum au retour de votre voyage dans l'Amérique du Sud.

Me référant aux termes mêmes de la lettre que j'ai eu l'honneur de vous écrire, le 7 avril 1860, après avoir déposé sur le bureau de l'assemblée des professeurs administrateurs le catalogue de cette collection, je me plais à vous répéter ici que ces reptiles offrent beaucoup d'intérêt, et à cause du bon état de conservation dans lequel ils se trouvent, et en raison de leur origine, les richesses erpétologiques des différentes parties de l'Amérique du Sud que vous avez parcourues ne nous étant encore connues que d'une façon très-imparfaite.

Votre collection de reptiles comprend quarante-neuf individus appartenant à dix-neuf espèces. Sur ces dix-neuf espèces, il y en a douze qui font partie de l'ordre des sauriens ou lézards. Dans ce nombre, j'en citerai particulièrement quelques-unes. Ainsi il y a un geckotien assez généralement répandu dans toute l'Amérique du Sud (*Hemidactylus mabouia*). A la nombreuse famille des iguaniens pleurodontes se rapportent les espèces inscrites sur le catalogue du n° 2 au n° 9 inclusivement. Je signalerai comme spécialement intéressants dans ce groupe un anolis assez rare (*Anolis fuscoauratus*), nommé ainsi par d'Orbigny, qui l'a le premier fait connaître; l'*Holotropis Grayii*, nommé d'abord par Th. Bell *Leiocephalus Grayii*, et une autre espèce du même genre qui ne me semble pouvoir être rapportée à aucune de celles que nous connaissons. Je propose, en souvenir de votre beau voyage, de l'inscrire sous le nom de *Holotropis Didieri*, Aug. Dum.; elle provient du Pérou. Parmi les deux espèces de la famille des lacertiens, il y a comme bonne espèce peu commune : *Centropyx calcaratus*, Wegl. Enfin le douzième saurien est un beau scincoïdien : *Eumeces mabouia*.

La collection comprend quatre ophidiens : un serpent colubriforme décrit et figuré par Tschudi sous le nom de *Liophis tæniurus*, qui était inconnu au musée de Paris, mais qui y devient, à cause de ses caractères génériques : *Herpetodryas tæniurus*; un autre serpent colubriforme à dents postérieures de la mâchoire supérieure sillonnées : *Dipsas chilensis* dit, à tort, par Schlegel *Coronella chilensis*; une autre espèce très-élégante, appartenant, comme la précédente, au sous-ordre des opisthoglyphes ou serpents à dents sus-maxillaires postérieures sillonnées : *Erythrolamprus venustissimus*, Boie, sorte de serpent corail assez peu commun, mais dont les piqûres ne sont point à redouter comme celles de ce dernier, et enfin un serpent venimeux qui ne faisait pas encore partie de nos collections et que nous ne connaissions que par la description et la figure dues à Tschudi : *Lachesis picta;* mais ce nom, employé par ce zoologiste dans sa *Fauna peruana,* doit être remplacé, à cause des caractères génériques, par celui-ci : *Bothrops pictus.*

Il y a, de plus, trois batraciens anoures, tous les trois très-intéressants : une grenouille dont le Muséum ne possédait que deux individus recueillis au Potosi par d'Orbigny, *Leiuperus marmoratus,* Dum. Bib.; un crapaud singulier, mais moins rare, *Bufo margaritifer,* Daudin, et enfin un crapaud très-bizarre dans sa conformation que M. Tschudi a décrit et figuré sous le nom de *Anaxyrus melancholicus.* Il manquait au Musée de Paris.

Enfin, à cette collection de reptiles était joint un poisson que nous ne possédions point, et dont il m'est difficile de donner une détermination précise, parce qu'il appartient à une famille très-nombreuse, celle des chromides, et que nous manquons au Musée de Paris des éléments nécessaires pour un classement définitif des espèces de ce groupe; je crois cependant que le poisson rapporté par vous appartient au genre *Acara* de Heckel.

Tels sont, monsieur, les détails qu'il m'a semblé nécessaire de vous donner pour vous montrer l'intérêt très-réel qui s'attache à la collection donnée par vous au Muséum.

A. Aug. Duméril.

SOCIÉTÉ BOTANIQUE DE FRANCE

Séance du 8 mars 1861.

M. le comte Jaubert fait à la Société la communication suivante :

Note sur quelques plantes du Pérou, par M. le comte Jaubert, membre de l'Institut.

Deux jeunes gens, MM. Ernest et Alfred Grandidier frères, entraînés par une noble ardeur pour les sciences, ont exécuté, durant les années 1857 et suivantes, un grand voyage d'exploration dans les deux Amériques du Nord et du Sud. Ils ont parcouru le Canada, les États-Unis, une partie des Antilles, le Pérou, la Bolivie, le Chili, les provinces de la Confédération argentine, et enfin le Brésil. Ils n'avaient pas hésité à s'arracher aux douceurs de la famille pour braver les fatigues, les dangers de toute espèce, auxquels une pareille entreprise les exposait. Plus heureux d'ailleurs que tant de voyageurs naturalistes que l'exiguïté de leurs ressources financières oblige à limiter leurs explorations et trop souvent à les abandonner au moment où quelque grande découverte allait illustrer leur nom, MM. Grandidier étaient pourvus de tous les moyens matériels que la fortune peut mettre au service d'une instruction solide et variée et d'un courage à toute épreuve; de plus, ils étaient accrédités auprès de tous les agents français à l'étranger comme chargés d'une mission par M. le ministre de l'instruction publique. Ils s'étaient proposé d'abord d'étudier plusieurs questions importantes relatives à la physique du globe; la géologie proprement dite, la minéralogie et la zoologie ont été aussi l'objet de leurs actives recherches.

La botanique ne leur est pas restée étrangère, et ils ont bien voulu mettre à ma disposition 231 espèces recueillies pour la plupart dans les hautes Andes et spécialement aux environs du col de Mollepata entre Lima et Cuzco, à une altitude d'environ 4,400 mètres.

Le *Chloris andina* de M. Weddell, qui résume si heureusement tout ce qu'on connaissait avant lui et ses propres travaux sur la végétation de cette région, m'est surtout utile pour assurer la détermination d'une bonne partie des espèces composant le précieux fascicule de MM. Grandidier : quelques-unes d'ailleurs avaient été nommées par M. Jameson, si connu par ses herborisations aux environs de Quito, que sir William Hooker a enregistrées dans ses publications. Malheureusement, l'ouvrage de M. Weddell, en cours de publication, m'a fait défaut en ce qui concerne plusieurs familles que l'auteur s'est réservé de traiter plus tard.

Je signalerai dès à présent à la Société deux plantes remarquables et que je crois nouvelles, recueillies à 4,300 mètres au-dessus du niveau de la mer, mais dans une des *quebradas* (ou vallons resserrés abrités contre l'excès du froid) qui avoisinent le port de Mollepata, à 12 myriamètres environ de Cuzco. Je les ai consacrées toutes deux au souvenir de l'énergie, du dévouement fraternel, que les deux jeunes voyageurs ont déployés pour se soutenir l'un l'autre dans leurs rudes épreuves.

La première est un arbrisseau grimpant, d'environ 2 mètres de hauteur. Ce qui frappe au premier coup d'œil, c'est la longueur extraordinaire (12 à 13 centimètres) de ses fleurs tubuleuses et pendantes, qui rappellent certains *Tacsonia* et les *Fuchsia* de la section *Longifloræ*. Aussi ne suis-je pas étonné que, dans une note de voyage écrite à la hâte et jointe à l'échantillon, on lise : *Fuchsia jaune clair*; mais l'analyse nous conduit bientôt vers un de ces groupes de la famille des solanacées, tribu des solanées, qui abondent dans les contrées équinoxiales de l'Amérique, où M. Miers a récemment proposé divers genres, distribués ensuite d'une manière assez arbitraire par Dunal entre ses deux sous-tribus des atropinées et des lyciées.

Notre plante appartient au genre *Salpichroma*, caractérisé principalement par son calice à tube court et à dents étroites-allongées, par sa corolle tubuleuse, infundibuliforme, à lobes plus ou moins pointus, à estivation valvaire et comme indupliquée par un duvet marginal, par les filets de ses étamines soudés dans le bas du tube de la corolle, libres à partir du milieu de sa longueur, faisant saillie hors du limbe, par le disque charnu entourant l'ovaire, enfin par son style allongé et son stigmate claviforme. L'ovaire, encore jeune dans notre échantillon, m'a paru constituer une capsule plutôt qu'une baie; les ovules, examinés au microscope, sont réniformes, comprimés, à ombilic latéral, à la manière d'un grand nombre d'autres solanacées.

La diagnose générique, donnée dans le *Prodromus*, t. XIII, a besoin d'ailleurs d'être modifiée quant aux anthères : 1° en ce qu'elles sont dites triloculaires, indication qu'on ne peut qu'attribuer à une erreur typographique, tant elle serait anomale, et que l'examen d'aucune espèce, à ma connaissance du moins, ne vient justifier, même comme exception ; 2° parce qu'elles sont évidemment de forme hastée, sinon dans toutes les espèces, du moins dans la plante de MM. Grandidier et dans le *S. Mandonianum* Wedd. de l'herbier du Muséum.

Enfin, si les différences que présentent la dimension et surtout la forme de la corolle dans les diverses espèces, tantôt tubuleuse et simplement infundibuliforme, tantôt rétrécie à la gorge, tantôt cyathiforme (*S. breviflorum*) et même urcéolée (*S. urceolatum*), ne paraissent pas suffire pour distinguer plusieurs genres aux dépens du *Salpichroma*, il y aurait lieu du moins, ce me semble, d'augmenter, à ces deux points de vue de la dimension et de la forme, le nombre des sections entre lesquelles les espèces sont distribuées. C'est avec raison que dans le *Prodromus* on a eu égard en premier lieu au caractère tiré de la présence, dans l'intérieur de la corolle, d'un anneau charnu et laineux (*Perizoma*, Miers) et à l'absence d'un tel anneau (*Salpichromata vera*). Mais le second caractère, tiré du plus ou moins de longueur de la corolle, ne répond nullement au rangement des espèces dans les deux sections actuelles. Sur huit espèces de *Salpichromata vera*, dites à longues corolles, six ont des corolles qui ne dépassent pas dix lignes ; deux seulement, *S. glandu-*

losum et *S. dependens*, répondent à l'intitulé de la section, et il y aurait d'autant plus de raison à les séparer des autres que, à la différence de celles-ci, leur corolle est véritablement infundibuliforme sans aucune trace de rétrécissement à la gorge. Cette nouvelle section, très-naturelle et tranchant sur le reste du genre, répondrait mieux que toute autre à l'image d'une trompette qui domine dans le nom d'ailleurs assez mal fabriqué de *Salpichroma* : c'est là que se range la plante de MM. Grandidier. Autant que j'ai pu en juger par les descriptions et les figures du *S. glandulosum* Hooker, découvert aussi dans les montagnes du Pérou par Cruckshanks, entre Lima et Pasco, et dont il n'existe pas d'échantillon dans les herbiers de Paris, les caractères de la végétation sont à peu près les mêmes dans cette espèce et dans notre plante, ceux de la fleur concordent aussi, sauf les étamines hastées et surtout la longueur exceptionnelle de la corolle double de celle que présente la variété *grandiflorum* du *S. glandulosum*, qui d'ailleurs est elle-même d'origine, non plus péruvienne, mais mexicaine. Cette dernière particularité si saillante m'a paru à elle seule de nature à justifier l'établissement d'une espèce nouvelle. Une comparaison ultérieure de notre plante avec les échantillons de Cruckshanks et de Mathews, qui ont servi de base à la description du *S. glandulosum*, révélera peut-être d'autres différences entre l'espèce de M. Hooker et la description suivante :

SALPICHROMA DIDIERANUM Nob.

Suffrutex scandens 2-metralis, crassitie digiti in parte inferiori; ramis costatis subangulatis; epidermide lutescente longitudinaliter lacera.; foliis alternis in summitate ramulorum suboppositis, petiolatis, lanceolatis, acutis, basi subrotundatis, nervatis, subscabris, superne nigrescentibus, subtus pallidioribus; pedicellis axillaribus brevibus, pubescentibus.

Flores speciosi 12-13 *centim. longi*, cernui, lutei.

Calyx tubo brevi, dentibus 5 linearibus obiter ciliatis 2 1/2 cent. longis, *Corolla infundibuliformis, tubo longissimo,* limbi lobis 5 acutis, æstivatione valvatis et quasi mediante flocco marginali induplicatis.

Stamina 5, basi corollæ adnata, versus medium tubi libera, *antheris* limbo dimidio minoribus, basifixis, *hastatis*.

Ovarium disco carnoso brevi circumdatum.

Stylus gracilis, apice in stigma claviforme incrassatus.

Capsula conica, tubum calycinum subæquans.

Semina reniformia, umbilico laterali.

Habitat in montibus Peruviæ in valle reducta (seu *quebrada* vernacule), altitudine 4,300 metr. inter villam rusticam *Totora* et fauces dictas *Mollepata* (alias *San Quentino*), 12 myr. distantes ab urbe *Cuzco*, detectum a fratribus de scientia naturali bene meritis Grandidier, die 13 septembris 1858.

La seconde des plantes de la *quebräda* en avant du col de Mollepata se distingue par une fleur non moins gigantesque : c'est une amaryllidée appartenant au genre *Alstrœmeria* et au sous-genre *Bomaria*, très-répandus dans les Andes. Il faudra lui ouvrir un compte à part dans la nomenclature des *Bomaria*, telle que l'ouvrage de Kunth nous la donne d'après Herbert. Dans la division à pédoncules uniflores et la sousdivision à périanthe subrégulier, elle formera à elle seule, quant à présent du moins, un paragraphe 16 *bis* suffisamment distinct, à feuilles pubescentes et à fleurs très-grandes en petit nombre.

ALSTROEMERIA (Bomaria) DIDIERANA Nob.

Suffrutex scandens, lævis, crassitie culmi secalini.

Folia disticha approximata sessilia, caulina patula in summitate caulis erecta, semi-amplexicaulia, lanceolata acuta, 6-8 centim. longa, striato-multinervia, superne hirta, pilis brevibus, albis, subtus glabra.

Flores terminales, erecti, speciosi, extus rubescentes, intus luteo-virescentes, 10 centim. longi, lapageriam æmulantes, pedicellis glabris, bracteatis. Perianthium infundibuliforme; foliola petalina sepalinis paulo breviora et apice subspathulata.

Stamina epigyna, distincta, exserta, filamentis tenuibus, antheris glabris crassis basi pro receptione filamentorum perforatis.

Stylus longitudine filamentorum; stigmata 3, brevia.

Capsula (immatura) turbinato-depressa, nigrescens, glabra.

Habitat cum *Salpichromate Didierano* (vide supra).

En compagnie du *Salpichroma Didieranum* et de l'*Alstrœmeria Didierana*, croissaient : 1° une loasée, *Cajophora contorta*; 2° un *Asplenium* que je crois voisin de l'*A. fontanum*, ces deux espèces avaient déjà été signalées par Cruckshanks, dans une localité analogue, parmi les rochers (excursion de Lima à Pasco, Hooker, *Misc.* II) ; 3° le *Lycopodium elongatum*; 4° un beau lichen fort ressemblant au *Cladonia organensis* de Gardner (Fiel et Gardn. 461), si ce n'est cette espèce même.

MM. Grandidier ont aussi récolté, au port même et sur le

terrain rocailleux de Mollepata, plus élevé de 1,000 mètres que la *quebrada*, entre autres espèces, une jolie Composée labiatiflore *Perezia (Clarionea) pedicularifolia* (*Loasa chiquitensis* Meyer, *Senecio socialis* Wedd) formant de grosses touffes arrondies.

Près de Limatambo, localité entre le village de Mollepata et Cuzco, limite supérieure de la culture de la canne à sucre, MM. Grandidier ont recueilli un *Dalechampia* grimpant qui se rapporte au *D. aristolochifolia* Humb. et Kunth, de la Nouvelle-Grenade (dont il n'existe d'ailleurs pas de figure), par ses feuilles cordiformes, pubescentes en dessous, munies de deux petits appendices linéaires dressés au point de jonction du pétiole avec le limbe, et par les deux grandes bractées intérieures de son involucre, denticulées, originairement d'une couleur rose violacée, aujourd'hui altérée en jaune : ces bractées rappellent immédiatement à l'esprit celles des *Buginvillæa*.

Je pourrai communiquer plus tard à la Société la liste complète et méthodique des plantes recueillies par MM. Grandidier.

SOCIÉTÉ IMPÉRIALE D'ACCLIMATATION

EXTRAIT DU PROCÈS-VERBAL DE LA SÉANCE DU 23 MARS 1860.

MM. E. et A. Grandidier, dans le but d'accomplir une mission scientifique gratuite, dont S. Exc. le Ministre de l'Instruction publique les avait chargés, viennent de parcourir dans l'Amérique du Sud, d'octobre 1857 à novembre 1859, diverses parties de l'Équateur, du Pérou, de la Bolivie, du Chili et du Brésil. Durant ce long et périlleux voyage, ils ont étendu leur programme, et, par suite, ils ont non-seulement recueilli pour les Musées du gouvernement de nombreuses collections de minéralogie, de géologie et d'erpétologie, mais ils se sont occupés des plantes dont la naturalisation leur semblait pouvoir être tentée en Europe avec quelques chances de succès. C'est ainsi qu'ils ont rapporté des graines de deux espèces différentes de *Quinoa* (*Chenopodium*), dont il se fait une grande consommation pour la nourriture de l'homme et des animaux, au Pérou et en Bolivie, dans les localités où l'âpreté du climat permet à peine la culture d'autres céréales. Leur feuillage, d'ailleurs, constitue un légume analogue à l'épinard. Ils pensent que les plantes qui donnent ces graines, sur lesquelles de Humboldt a le premier attiré l'attention, pourraient fournir de bons résultats dans les terres sablonneuses. Ces graines sont placées sous les yeux de l'assemblée, ainsi que des épis de maïs de Cuba, du Pérou et de la Bolivie, provenant de différentes espèces dont plusieurs semblent être nouvelles pour l'Europe, et offrent cet intérêt qu'elles croissent dans des pays relativement froids. Ces voyageurs enfin déposent sur le bureau des tubercules de la *mangarita* (sans doute une Aroïdée) dont la saveur, à ce qu'il paraît, est excellente, et qui leur ont été remis par la colonie du Mucury, au Brésil. Ces produits végétaux seront soumis à l'examen de la cinquième section, et l'on transmettra à MM. Grandidier frères les remercîments de la Société.

PIÈCES JUSTIFICATIVES

EXTRAITS
DE GARCILASSO DE LA VEGA
(HISTOIRE DES INCAS)

CHAPITRE XXVII (LIVRE VII)

De la forteresse de Cuzco, et de la prodigieuse grandeur de ses pierres.

On ne peut qu'avoir une haute idée de l'industrie et de l'habileté des Indiens du Pérou, si l'on considère la magnificence de leurs bâtiments, des forteresses, des temples, des maisons royales, des magasins, des grands chemins, et de leurs autres ouvrages publics. Les ruines que l'on en voit encore aujourd'hui en sont une preuve manifeste, quoiqu'on ait de la peine à concevoir quelle en était la structure à tous égards; mais le plus beau chef-d'œuvre qu'ils aient jamais fait est sans doute la forteresse de Cuzco; vous diriez que la magie s'en est mêlée, et que les démons y ont plutôt travaillé que des hommes. Il y a des pierres d'une si prodigieuse grosseur, qu'on ne saurait deviner comment on peut les avoir transportées de dix ou quinze lieues de distance par des chemins fort rudes et presque inaccessibles. Surtout on y trouve une espèce de roc que les Indiens appellent *saycusca*, et qu'ils ne pouvaient tirer que de Muyna, qui est à cinq lieues de Cuzco, ou même d'un autre endroit qui en est éloigné de quinze lieues, et alors il fallait passer la rivière d'Yucay, qui n'est pas moins grande que celle de Guadalquivir à Cordoue. D'ailleurs, ils n'avaient ni bœufs, ni charrettes pour traîner ces lourdes masses, et tout cela se devait faire à force de bras. Il leur manquait aussi le fer et l'acier pour les tailler et les mettre en œuvre. Ils n'avaient ni compas, ni équerre, ni règle, ni chaux, ni mortier [1]; cependant elles sont si bien ajustées ensemble qu'on aurait de la peine à fourrer la pointe d'un couteau entre les jointures. Enfin, ils ignoraient l'usage des grues et des autres machines qui pouvaient leur servir à monter et à descendre ces pierres énormes, qu'on ne saurait voir sans étonnement. Voici de quelle manière le R. P. Acosta parle de cette forteresse, liv. VI, chap. XIV : « Les édifices et les autres ouvrages, dit-il, qu'on faisait par l'ordre des Incas, consistaient en forteresses, en temples, en grands chemins et en maisons de plaisance. Il y en avait un grand nombre, et ils paraissaient d'un travail prodigieux, comme on peut le voir encore aujourd'hui par les ruines qui en sont restées à Cuzco, à Tiaguanaco, à Tambo et en d'autres lieux. On y trouve des pierres d'une grandeur si énorme, qu'il est presque impossible de s'imaginer comment elles peuvent avoir été transportées et mises là où elles sont. Mais lorsque l'Inca voulait bâtir une forteresse ou quelque autre édifice soit à Cuzco ou ailleurs, il mandait quantité de ses vassaux qui accouraient à cet emploi de toutes les provinces de son empire. Il faut avouer que c'était aussi un travail surprenant et digne d'admiration, puisqu'ils n'avaient ni mortier, ni plâtre, ni aucuns outils de fer ou d'acier pour tailler les pierres, ni des machines pour les transporter ; cependant

---

1. C'est une erreur : les Incas employaient un ciment.

elles sont si bien travaillées et si unies, que la jointure des unes avec les autres est à peine visible. D'un autre côté, plusieurs de ces pierres sont si lourdes, qu'on ne le croirait jamais si on ne le voyait; je me souviens d'en avoir mesuré une à Tiaguanaco qui avait trente-huit pieds de long, dix-huit de large, et deux d'épaisseur. Mais à la muraille de la forteresse de Cuzco on voit quantité de pierres qui surpassent en grandeur toutes celles des autres bâtiments, et quoiqu'elles ne soient pas taillées à la règle, qu'il y ait même beaucoup d'inégalités entre elles, elles sont si bien ajustées sans aucun plâtre, qu'elles paraissent enchâssées les unes dans les autres. Toutes ces merveilles se faisaient à force de gens, et l'on ne saurait douter qu'il ne leur en coûtât une peine infinie, puisque pour joindre ces pierres ensemble ils devaient faire diverses tentatives avant d'en pouvoir venir à bout. »

Quoi qu'il en soit, ce superbe édifice était un monument de la grandeur des Incas et de l'habileté de leurs ouvriers. On l'avait bâti, au nord de la ville, sur une colline assez haute qu'on appelle Sacsahuaman, et qui est fort escarpée dans un endroit. Cela même rend Cuzco imprenable de ce côté-là, puisqu'on ne saurait en approcher ni trouver un lieu commode pour y placer de l'artillerie. Aussi les Indiens n'avaient-ils fortifié la ville de ce côté-là que d'une simple muraille de bonne pierre, qui s'étendait plus de deux cents brasses, et qui n'était point du tout raboteuse de part ni d'autre. Mais il faut savoir qu'au lieu de mortier et de plâtre, ils se servaient d'une certaine terre rouge, fort argileuse et gluante, pour cimenter les fentes et l'entre-deux des pierres.

CHAPITRE XXVIII (LIVRE VII)

D'un triple enclos de murailles, qui font la plus grande merveille de la forteresse.

Tout auprès de la muraille dont nous venons de parler, il y a une grande plaine par où l'on monte assez facilement au sommet de la colline ; de sorte qu'on aurait pu attaquer la ville de ce côté-là, et s'avancer même en bataille rangée. Ce fut donc pour le prévenir que les Indiens firent trois murailles, l'une au-dessus de l'autre, en montant, et dont chacune avait plus de deux cents brasses de long. Elles sont faites en forme de demi-lune, et aboutissent à un autre mur qu'on voit du côté de la ville.

La première est la plus remarquable de toutes, à cause de la grandeur énorme de ses pierres et de leur merveilleux arrangement. Mais il n'y a nulle apparence qu'on les ait tirées de quelque carrière du voisinage, puisqu'elles ne paraissent point du tout taillées, et que l'on en voit de rondes, de pointues, d'ovales, et de plusieurs autres figures : ainsi je croirais plutôt qu'on les a trouvées sur ces montagnes telles qu'elles sont, et que toute l'adresse consistait à les ajuster ensemble. Cela même fait dire au père Acosta qu'il s'étonne de ce que les pierres de cette muraille, quoiqu'il y ait beaucoup d'inégalité entre elles pour la figure, sont si bien enchâssées les unes avec les autres qu'elles forment un excellent ouvrage de maçonnerie. Ces pièces de rochers, ajoute-t-il, qu'ils ont laissées dans leur naturel, enjambent autour de quatre doigts, les unes sur les autres et c'est en cela que consiste principalement l'artifice de cette noble structure. On peut dire, en un mot, que du mélange confus de ces rochers entassés pêle-mêle ils ont fait un chef-d'œuvre inimitable et qui plaît beaucoup à la vue.

Un prêtre natif de Montilla, qui, depuis mon arrivée en Espagne, était allé au Pérou, me dit à son retour qu'il avait trouvé ces pierres infiniment plus grandes qu'il ne se les était représentées sur le bruit commun, et qu'il ne pouvait attribuer cet ouvrage qu'au démon. En effet, tout ce que l'on a publié des sept merveilles du monde n'approchait pas de celle-ci. On ne manquait ni d'ouvriers, ni de matériaux, ni d'instruments pour construire les murailles de Babylone, ou les pyramides d'Égypte, et pour fabriquer le colosse de Rhodes. Mais que, sans machines, sans outils et sans aucun instrument, ces Indiens aient trouvé le secret de transporter, de tailler, d'entasser et d'ajuster avec la dernière exactitude de si lourdes masses de rochers, c'est, je l'avoue, ce qui me paraît incroyable, et qui semble tenir du sortilége, auquel ces barbares étaient fort adonnés.

Quoi qu'il en soit, il y avait une grande porte à chacune de ces murailles, et on les fermait avec une pierre de la même grandeur, qu'on ôtait toutes les fois qu'on voulait sortir. La première s'appelait Tiupuncu, c'est-à-dire Porte du Sablon, parce que c'était un lieu plein de sable : ce mot est composé de *tiu*, qui signifie sable, et de *puncu*, qui signifie porte. La seconde se nommait Acahuana Puncu, du nom de l'architecte qui l'avait faite, et la troisième, Viracocha Puncu, parce qu'elle était consacrée à leur dieu Viracocha, qu'ils prirent pour le dieu tutélaire de la ville et de la forteresse de Cuzco. De l'une de ces trois murailles à l'autre il y a vingt-cinq ou trente piéds d'étendue, avec un terre-plein jusqu'à la hauteur de chaque muraille ; mais je ne sais pas si c'est la nature ou l'art qui l'ont fait ainsi. Quoi qu'il en soit, chaque enceinte avait son parapet à hauteur d'appui, et il n'y a nul doute qu'on ne se pût mieux défendre par ce moyen que si l'on avait été à découvert.

CHAPITRE XXIX (LIVRE VII)

Des trois grosses tours, des quatre principaux ouvriers de la forteresse, de la Pierre fatiguée, et pourquoi ils l'appelaient ainsi.

Après avoir passé ces trois enclos de murailles, on trouvait une place étroite et longue, où il y avait trois tours faites en triangle, qui s'étendaient suivant l'assiette du terrain. La principale était celle du milieu, et on l'appelait Moyoc-Marca, c'est-à-dire Forteresse ronde, parce qu'elle était faite en rond ; il y avait une fontaine de très-bonne eau qui venait de loin par des canaux souterrains, et dont tout le monde ignorait la source, excepté l'Inca et ceux de son grand conseil, qui en avaient la tradition. Lorsque les rois allaient à la forteresse, ils se reposaient dans cette même tour, qui était d'une grande magnificence. Tous les murs étaient enrichis de plaques d'or et d'argent qui servaient de tapisserie, et où l'on voyait des animaux, des plantes et des oiseaux représentés au naturel ; il y avait aussi quantité de vaisselle et le même service qu'on trouvait dans les maisons royales.

La seconde tour se nommait Paucar-Marca, et la troisième, Sacllac-Marca : l'une et l'autre étaient carrées, en forme de pavillon, et il y avait plusieurs chambres pour loger les soldats qui étaient de garde. Il fallait, au reste, que ces soldats fussent du nombre des Incas privilégiés; et ceux des autres nations n'y pouvaient entrer, parce que c'était une des maisons du Soleil où l'on serrait les armes et les provisions de guerre, comme on faisait des sacrifices et des prières au temple. Il y avait ordinairement un capitaine ou un gouverneur qui devait être de sang royal et des Incas légitimes; il commandait à plusieurs lieutenants qui dépendaient d'autres officiers dont chacun avait sa tâche, soit qu'il s'agît de pourvoir aux munitions, de tenir les armes nettes, ou d'ordonner les habits et les chaussures des soldats; il y avait d'ailleurs un magasin dans la forteresse, où l'on gardait toutes ces choses qui étaient pour l'usage de la garnison.

Le dessous de ces tours était rempli de logements disposés avec beaucoup d'industrie, et par ce moyen l'on pouvait communiquer de l'une à l'autre; il y avait quantité de petites rues qui se croisaient et qui aboutissaient à diverses portes. Les chambres y étaient presque toutes de la même grandeur, et formaient une espèce de labyrinthe d'où l'on avait de la peine à se tirer. Ceux qui en savaient mieux les détours n'osaient y entrer sans un peloton de ficelle dont ils attachaient l'un des bouts à la porte, afin de ne pas s'égarer.

Au reste, les Indiens ne bâtissaient pas leurs voûtes en arcades, mais ils faisaient des consoles aux murs des lieux souterrains, sur lesquelles ils mettaient des pierres fort larges et bien taillées, qui s'étendaient d'un mur à l'autre; c'est ce que l'on voyait sous la forteresse, dont les murs étaient de pierre en partie brute et en partie taillée avec beaucoup d'art. Il semble que les Incas prévoyaient que ce serait le dernier de leurs ouvrages, et qu'ils y voulurent employer tout ce qu'ils avaient d'industrie et de magnificence. En effet, quelques années après qu'on l'eût achevé, les Espagnols entrèrent dans cet empire, et l'on ne pensa plus à de pareils édifices.

Les entrepreneurs et les conducteurs du bâtiment de la forteresse furent au nombre de quatre. Le premier, auquel on attribue la gloire de l'invention, fut Huallpa-Rimachi Inca, et, pour montrer aussi qu'il était le principal de tous, on l'honora du nom d'*Apu,* qui signifie capitaine ou supérieur en quelque office que ce soit; le second fut l'Inca Maricanchi; le troisième, Acahuana Inca, qu'on fait auteur de la plupart des grands bâtiments de Tiaguanaco, et le quatrième, Calla-Cunchuy. Ce fut au temps de ce dernier que, par un effort prodigieux qui surpasse toute créance humaine, on transporta cette effroyable masse de rochers, qu'on nomma la Pierre fatiguée. Le principal ingénieur, ou le grand maître de ces bâtiments, s'avisa de lui donner ce nom, afin qu'elle conservât aux siècles futurs la mémoire d'une tentative si surprenante. On voit cette pierre monstrueuse au milieu de la plaine qui est devant la forteresse. Les Indiens en racontent une chose bien plaisante; ils disent qu'elle fut transportée de si loin à l'endroit où elle est aujourd'hui, qu'elle se lassa et pleura du sang parce qu'elle ne put se joindre au bâtiment de la forteresse. Cette pierre n'est point taillée, mais brute, et telle qu'on la détacha de la montagne; elle est plus de la moitié en terre, et l'on prétend qu'elle y est beaucoup plus enfoncée depuis mon départ de ce pays-là; on ajoute que les Espagnols, qui voulurent creuser tout auprès, dans l'espérance d'y trouver quelque trésor, en ont été la cause. Quoi qu'il en soit, il me semble qu'à l'un des coins de cette pierre il y a deux trous, et que cela même a donné sujet aux Indiens de s'imaginer que ce sont les yeux par où elle a pleuré du sang. La poussière, d'ailleurs, qui s'y attache et qui, détrempée par la pluie, vient à couler en bas, forme une tache vermeille, parce que la terre est rouge en cet endroit; et les Indiens sont assez fous pour croire là-dessus que c'est la marque du sang que la pierre répandit lorsqu'elle pleura. Mais les Incas Amautas prétendent qu'il y a quelque vérité cachée sous cette écorce, et qu'elle renferme un événement tragique; ils disent donc qu'il y eut plus de vingt mille Indiens employés à traîner cette pierre avec de gros câbles; qu'à la descente des collines la moitié de ces hommes-là tiraient par devant, et que les autres la soutenaient par derrière; que ceux-ci n'avaient pas eu la force de la retenir au sommet d'un coteau, que sa pesanteur l'avait entraînée en bas, et qu'elle avait écrasé trois ou quatre mille Indiens. Cela n'empêcha point qu'on ne la conduisît ensuite, à force de bras, jusqu'à la plaine où on la voit aujourd'hui. Mais, pour dire un mot du sort qu'eut ce bâtiment superbe, les Espagnols, qui auraient dû le conserver avec beaucoup de soin pour être un monument éternel de grandeur et de la puissance des rois qu'ils avaient assujettis, furent les premiers à le démolir, soit par jalousie ou par un principe d'avarice. Ils renversèrent tout ce qu'il y avait de maçonnerie dans l'enclos des murailles pour en bâtir leurs maisons à Cuzco. Cependant, lorsque j'en partis, ces trois murailles étaient encore en leur entier; mais j'ai ouï dire, depuis, qu'ils en ont ruiné une partie pour chercher la grosse chaîne d'or de Huayna-Capac, qu'ils y croyaient enterrée.

Le bon roi Inca Yupanqui fut le premier fondateur de cette admirable forteresse, que l'on ne saurait jamais trop louer. Quelques-uns disent pourtant que ce fut l'Inca Pachacutec, son père; mais cela vient de ce qu'il en donna le plan et le modèle, après avoir fait amas d'une prodigieuse quantité de pierres, qui étaient les seuls matériaux de ce grand chef-d'œuvre. Il ne s'acheva qu'en cinquante années, au temps de Huayna-Capac, et l'on ne croit pas même qu'il fût encore dans sa perfection.

CHAPITRE XXVIII (LIVRE II)

Du peu d'outils que les artisans indiens avaient.

Les Indiens ne pouvaient être que misérables, et ils manquaient des choses qui sont tout à fait nécessaires à l'usage de la vie. Pour commencer par les gens de forge, quoiqu'il y en eût un grand nombre et qu'ils ne cessassent de travailler, ils n'avaient pas l'esprit de mettre en œuvre le fer, non plus que les autres métaux. Ils avaient même plusieurs mines de fer qu'ils appelaient *quillay*, mais ils ne le savaient pas tirer, puisqu'au lieu d'en avoir des outils pour leur travail ordinaire, ils en faisaient de certaines pierres fort dures, jaunâtres, vertes, qu'ils polissaient à force de les frotter ensemble, et qu'ils estimaient beaucoup à cause de leur rareté. Ils ne savaient pas non plus faire des marteaux, et ils se servaient à leur place de certains outils faits d'un alliage de cuivre et de laiton. Ces outils sont tout carrés : les uns remplissent toute la main autant qu'elle peut empoigner, et ils s'en servent pour la batterie la plus forte; les autres sont d'une grosseur moyenne; les autres petits, et les autres enfin un peu longs; et ceux-ci sont les plus propres pour travailler sur les choses qu'ils veulent rendre concaves. Ils les tiennent à la main comme si c'étaient des pierres, et en frappent à force de bras les matières qu'ils mettent en œuvre. Ils ne savaient faire ni limes, ni burins, ni même des soufflets propres à la forge. Aussi quand ils voulaient fondre quelque métal, ils n'en venaient à bout que par le moyen du souffle qu'ils poussaient à travers certains tuyaux de cuivre, longs d'une demi-aune, les uns plus, les autres moins, selon que la fonte était grande ou petite. Ces tuyaux se rétrécissaient vers l'une des extrémités où il n'y avait qu'un petit trou, afin que le souffle en sortît avec plus de violence. Quand ils avaient quelque fonte à faire ils étaient plusieurs ensemble, dix ou douze jours de suite, et ils se tenaient autour du feu qu'ils soufflaient à pleine bouche avec leurs tuyaux, comme ils font encore aujourd'hui, sans qu'on ait pu leur faire changer cette coutume. Ils n'avaient aucun usage de pincettes ni de tenailles pour retirer le métal du feu. Ils employaient à cela un bâton ou une verge de cuivre, et, par ce moyen, ils le jetaient sur un morceau de terre humectée où ils le remuaient de tous côtés jusqu'à ce qu'il devînt froid et maniable. Quoique la manière de travailler fût si grossière, ils ne laissaient pas de faire des ouvrages merveilleux, surtout quand il s'agissait de creuser profondément quelque chose. D'ailleurs, instruits par l'expérience et par la raison, que la fumée des métaux préjudiciait à la santé, ils faisaient toujours leurs fontes grandes ou petites à découvert, c'est-à-dire dans les places publiques et jamais dans les maisons.

Les charpentiers de ce pays-là étaient encore moins fournis d'outils que les forgerons, puisqu'au lieu de ce nombre infini d'instruments dont les artisans de l'Europe sont munis, ceux du Pérou n'avaient que la hache et la doloire qui étaient de cuivre. Ils ne connaissaient ni la scie, ni le ciseau, ni les autres outils de charpenterie, et, par conséquent, ils ne savaient faire ni coffres ni portes ; mais après avoir coupé le bois, ils le blanchissaient à force de le gratter pour l'employer aux bâtiments. Les forgeurs, qui ne travaillaient d'ordinaire qu'en cuivre et en fonte, leur fournissaient des haches et des doloires. Ils ne se servaient point de clous ni d'aucuns ferrements pour faire tenir la charpenterie, mais ils la liaient avec certaines attaches faites de jonc, qui est du même usage à peu près que l'osier en Espagne. Quant aux maçons, ils n'avaient pour tous outils à tailler les pierres que certains cailloux noirs appelés *hihuana,* avec lesquels ils les brisaient plutôt qu'ils ne les taillaient. S'il était question de hausser les pierres ou de les baisser, ils n'avaient pour cela ni grue ni autre machine, et ils le faisaient à force de bras. Malgré toutes ces incommodités, ils élevaient de si beaux édifices, qu'il serait impossible de le croire si les relations des Espagnols et les masures qui en restent ne le témoignaient encore aujourd'hui. Au lieu de ciseaux et d'aiguilles, ils avaient certaines épines fort longues qui croissent dans le pays, de sorte que l'ouvrage qu'ils en faisaient pouvait plutôt s'appeler ravauderie que couture. Ces mêmes épines leur servaient à faire des peignes pour s'agencer les cheveux. Quant à leurs miroirs, les dames du sang royal en avaient d'argent poli, et les femmes du commun n'en avaient que de laiton ou de cuivre, parce que l'usage de l'argent leur était défendu. Les hommes prenaient pour une infamie de se regarder dans un miroir, sous prétexte que cela n'appartenait qu'aux femmes. C'est ainsi qu'ils manquaient de la plupart des choses nécessaires à la vie humaine, et qu'ils en suppléaient d'autres à leur défaut. Mais quoiqu'ils ne soient guère inventifs d'eux-mêmes, cela n'empêche pas qu'ils ne sachent très-bien imiter tout ce qu'ils voient, et qu'ils n'aient si bien appris la mécanique des Espagnols qu'ils les surpassent en certaines choses.

CHAPITRE XX (LIVRE III)

Description du temple du Soleil et de ses grandes richesses.

Celui de tous les bâtiments que les Incas estimèrent le plus fut le temple du Soleil, qu'ils comblèrent de richesses incroyables, chacun des souverains faisant tous ses efforts pour surpasser son prédécesseur en magnificence. Comme les beautés de cette maison sont au-dessus de la créance humaine, je n'oserais presque pas les rapporter ici, si les historiens espagnols qui ont écrit sur le Pérou n'en convenaient avec moi; mais ni ce qu'ils ont dit, ni ce que je pourrais y ajouter n'est capable d'exprimer exactement ce qui en est. On attribue la gloire du bâtiment de ce temple au roi inca Yupanqui, aïeul de Huayna-Capac, non pour en avoir été le fondateur, puisque le premier Inca le fonda, mais pour l'avoir mis dans l'éclat et dans le comble des richesses où le trouvèrent les Espagnols.

Pour en venir maintenant à la description du temple du Soleil, où est aujourd'hui l'église de Saint-Dominique, faite d'une certaine terre extrêmement belle, j'en laisserai la grandeur et la largeur à part, pour ne la pouvoir dire précisément, et passerai aux autres particularités. Son grand autel, nommons-le ainsi pour nous faire entendre (quoique ces Indiens ne sussent ce que c'était que l'autel), était du côté de l'Orient, et le toit de bois fort épais, couvert de chaume par-dessus, parce qu'ils n'avaient parmi eux l'usage de la tuile ni de la brique. Les quatre murailles du temple, à les prendre du haut en bas, étaient toutes lambrissées de plaques d'or. Sur le grand autel on voyait la figure du Soleil, faite de même sur une plaque d'or, plus massive au double que les autres. Cette figure, qui était toute d'une pièce, avait le visage rond, environné de rayons et de flammes, de la même manière que les peintres ont accoutumé de la représenter. Elle était si grande, qu'elle s'étendait presque d'une muraille à l'autre, où l'on ne voyait que cette seule idole, parce que les Indiens n'en avaient point d'autre, ni dans ce temple, ni ailleurs, et qu'ils n'adoraient point d'autres dieux que le Soleil, quoi qu'en disent quelques auteurs.

Aux deux côtés de l'image du Soleil étaient les corps des rois décédés, tous rangés par ordre selon leur ancienneté, et embaumés de telle sorte, sans qu'on pût savoir comment, qu'ils paraissaient être en vie. Ils étaient assis sur des trônes d'or, élevés sur des plaques du même métal, et ils avaient le visage tourné vers le bas du temple; mais Huayna-Capac, le plus cher des enfants du Soleil, avait cet avantage particulier, au-dessus des autres, d'être directement opposé à la figure de cet astre, parce qu'il avait mérité d'être adoré pendant sa vie à cause de ses vertus éminentes et des qualités dignes d'un grand roi, qui avaient éclaté en lui dès sa plus tendre enfance. Mais, à l'arrivée des Espagnols, les Indiens cachèrent ces corps avec tout le reste du trésor, sans qu'on ait jamais pu savoir ce qu'ils étaient devenus. Seulement, en l'an 1559, le licencié Polo en découvrit cinq, savoir : trois corps de rois, et deux de reines.

Il y avait plusieurs portes à ce temple; elles étaient toutes couvertes de lames d'or : la principale était tournée du côté du Nord, comme elle l'est encore à présent. De plus, autour des murailles de ce temple, il y avait une plaque d'or en forme de couronne ou de guirlande qui avait plus d'une aune de large.

FIN

TABLE DES MATIÈRES

	Pages.
Introduction	1

CHAPITRE I. — Idée générale du Pérou. — Son aspect physique. — Le Pérou avant la conquête. — Indépendance et gouvernement actuel.. 7

CHAPITRE II. — Quelques mots sur Lima et sur ses mœurs. — Abolition de l'esclavage au Pérou. — Suppression de l'impôt des Indiens... 22

CHAPITRE III. — Départ de Lima pour l'intérieur. — Iles Chincha. — Islay et Aréquipa.. 41

CHAPITRE IV. — Route d'Aréquipa au Cuzco. — Race quichua et Indiens indigènes du Pérou.................................. 52

CHAPITRE V. — Le Cuzco. — Considérations sur l'origine de la civilisation incasique.. 74

CHAPITRE VI. — Route du Cuzco à l'Ucayali. — Chinchero. — Urubamba. — Ollantay-Tambo. — Vallée de Santa Ana : ses cultures et ses productions.................................... 90

CHAPITRE VII. — Rio Urubamba et Rio Ucayali. — Mœurs des sauvages de l'Ucayali... 118

	Pages.
CHAPITRE VIII. — Retour au Cuzco par Mollepata et Limatambo. — Choquiquirao...	147
CHAPITRE IX. — Expédition de Paucartambo et exploration du Rio Madre de Dios...	163
CHAPITRE X. — Route de Paucartambo à Puno et de Puno au Desaguadero. — Lampa. — Puno. — Copacabana. — Iles du lac Titicaca..	193
CHAPITRE XI. — Entrée en Bolivie. — Desaguadero. — Tiaguanaco. — La Paz. — Mines de Corocoro. — Col du Tacora. — État de la Bolivie. — Tacna. — Arica. — Embarquement pour le Chili..	220
CHAPITRE XII. — Résumé général et conclusion................	247
PIÈCES ANNEXES...	269
PIÈCES JUSTIFICATIVES..................................	293

ERRATA

PAGES	LIGNES	AU LIEU DE	LISEZ
3	24	pays si vantés : les	pays si vantés, les
4	22	du Créateur :	du Créateur.
8	5	*La Côte*. C'est	*La Côte*, c'est
8	27	à l'exemple des	comme les
14	17 et 23	Puna	puna
15	19	Cuzco	Cuzco (*Cozco*)
65	10	ces	ses
96	10	Nusta	Ñusta
97	3		
119	19	panis	Panis
124	7	*Vacca*	*vaca*
127	23	Apachitea	Pachitea
257	14	cerro de Pasco	Cerro de Pasco

PARIS. — IMPRIMERIE DE J. CLAYE
RUE SAINT-BENOIT, 7.

www.ingramcontent.com/pod-product-compliance
Lightning Source LLC
Chambersburg PA
CBHW060406170426
43199CB00013B/2024